내 인생의 친구
공황장애

내 인생의 친구 공황장애

최구원 지음

AONEBOOKS 에이원북스

프롤로그

공황이란? 일반적으로 갑작스럽게 생기는 두려움과 공포를 느끼는 심리적 불안 상태라고 말한다. 그리고 가장 두드러지게 나타나는 증상은 갑자기 맥박이 빨라지고, 가슴이 답답하고, 숨이 가쁘고, 마비감이 있고, 몸의 떨림과 오한, 죽을 것 같은 두려움을 느끼는 것들이다.

나는 이러한 공황상태의 경험을 2004년에 처음으로 했고, 2005년 두 번째로 심한 공황발작을 경험하면서부터는 2015년까지 좋아졌다가 심해졌다가를 반복하였다. 처음에는 '좀 쉬면 괜찮아지겠지'라는 생각으로 단순하게 대처를 하다가 2009년이 되어서야 무엇이 문제인지 본격적으로 해결 방법을 찾으려고 시도를 하게 되었다. 명상과 운동 및 책 읽기 등을 주로 하면서, 그날그날 일어난 증상들을 기록하는 건강일지와 하루를 어떻게 보냈는지를 기록한 생활일지를 작성하기 시작한 것이다.

그리고 책을 읽고 나서 좋은 내용과 일반 상식이 될 만한 것들을 정리한 상식일지와 5~6년 전까지 명상을 하면서 여러 가지 느낌을 작성한 명상일지 등이 있으며, 지금까지도 이러한 일지형식의 글을 쓰고 있다. 몸과 마음이 치유되는데 도움이 되었던 좋은 말씀들은 지금도 지치고 힘들 때면 자주 읽고 있으며, 인생의 교훈으로 생각한다. 이번에 책을 쓰면서도 그 글들을 책 속에 담아 보았다.

명상일지와 생활일지들은 그날그날 하루만을 생각하고 살아갈 수밖에 없는 상황에서 스스로에게 잘 살아가고 있는지를 확인한다는 의미도 되었다.

이렇게 2009년부터 본격적으로 공황장애를 극복하기 위한 노력을 시작하면서, 공황장애와 관련된 책들을 여러 편 읽게 되었다. 그중에서 가장 먼저 눈에 들어왔던 책은 최주연 선생님의 '굿바이 공황장애'이었다. 이 책에는 내가 그때까지 공황으로 힘들게 몸부림치면서 극복을 해보려고 했던 내용들이 적혀있었다. 마치 내가 느꼈던 경험들을 그대로 적어놓은 것 같았다. 지금까지도 공황장애 증상이 나타날 때마다 해법을 찾는 인생의 교과서처럼 자주 읽게 되는 소중한 책이다.

특히 나에게도 기회가 되면 부족하지만 경험했던 내용들을 엮어서 책으로 만들겠다는 생각을 하게 만들어 주었다. 이러한 나의 작은 실천이 공황장애로 아파하는 사람들에게 조금이라도 두려움과 불안을 극복하고, 함께 아름다운 삶을 살아갈 수 있도록 도움이 되었으면 좋겠다는 생각 때문이었다. 한 번도 얼굴을 뵌 적도 없고 전화로 통화한 적도 없지만, 나에게 작은 희망을 심어주신 최주연 선생님에게 감사의 마음을 전하고 싶다.

또 공황장애의 경험을 글로 표현하고 싶었지만 실천하지 못하고 생각만 했던 나에게 작가로서의 꿈을 실행할 수 있도록 용기를 주신 윤정애 교수님과 대학원에 입학해서 졸업할 때까지 여러 논문을 지도해주시고, 이번 '내 인생의 친구 공황장애' 책을 완성할 때까지도 부족한 나의 글솜씨를 극복할 수 있도록 격려와 지지를 아끼지 않으신 오명진 교수님에게 깊은 감사를 드린다.

그리고 나에게 분노, 불안, 두려움, 강박을 선물함과 동시에 마음을 치유할 수 있는 진정한 사랑이 무엇인지를 깨닫게 해주신 어머니와 항상 집안의 모든 일을 챙겨주신 큰누나, 작은누나, 그리고 동생에게도 감사함을 전하고 싶다. 정말 힘들고 고통스러웠던 길고 어두운 터널에서 빠져나올 수 있도록 서로 의지하며 함께 해준 나의 아들 지찬, 수영, 인영에게도 진심으로 고마움과 사랑의 마음을 전한다.

2022년 9월
저자 최구원 드림

목차

제1장

영화
'내 인생의 친구 공황장애'의 시작

'공황장애'와의
첫 만남

2004년 어느 날이었다. 부산 서면에서 대형 의류매장 오픈을 일주일 남겨 놓고 실내 인테리어 공사가 한창 진행되고 있었다. 그런데 이미 설치된 진열장의 마감 색깔이 도면과 달라서 공사가 일시적으로 중단되었다는 연락을 현장직원으로부터 받게 되었다. 수주한 의류매장 공사는 외국에 본사를 둔 회사의 직영점이었기 때문에 공사 관련 설계도가 외국어로 되어있었고, 그것을 번역하는 과정에서 오류가 생긴 것이었다.

이 소식을 접하고 곧바로 부산으로 달려갔다. 현장에 도착하자마자 직원으로부터 오픈 일정이 모든 매체를 통해 홍보가 되어있는 상태였기 때문에 외국으로 출국하기 전에 현장에 잠깐 들렀던 의류회사 관계자가 무척이나 당황하면서 돌아갔다는 이야기를 들어야만 했다. 눈앞이 캄캄해졌고 정신은 이미 반은 나간 상태가 되었다. 방법은 오직 하나뿐이었다. 평상시에도 나에게 형이라고 하면서 잘 따라주었던 함께 간 협력업체 사장과 이런 상황을 잘 수습해야 했다. 그 시간은 오직 일주일이었다.

직원 및 협력업체들과 함께 나는 일주일 동안을 거의 한숨도 잠을 자지 않고 밤낮으로 공사를 진두지휘하였다. 가장 먼저 한 일은 부산에 있는 관련 업체들을 수소문해서 벽면에 설치된 모든 진열장을 철거하고, 새로운 진열장을 다시 제작 주문하는 것이다. 그다음은 진열장이 다시 제작되어서 오는 시간 동안에 철거로 인해서 훼손된 마감 부분들을 다시 공사하는 것이었다. 진열장은 다시 제작한 지 3일 만에 설치되었고, 나머지 마무리 공사들도 차질이 없이 진행되었다. 그래서 다행히 정해진 날에 오픈할 수 있었다. 이러한 상황들을 어떻게 알았는지 의류회사 사장은 직원들에게 한국에서의 모든 공사는 최 사장에게 맡기라고 지시하였다는 이야기를 들을 정도로 신뢰를 받게 되었다.

이렇게 열심히 해야만 했던 이유는 첫째로는 어릴 적부터 주어진 일을 완벽하게 하려는 나의 성격과 누구에게도 싫은 소리를 듣지 않으려는 마음에서 비롯된 것이고, 둘째는 그 당시 그 회사의 매장 인테리어 공사는 우리나라 실내건축 분야에서 연매출이 천억 이상 되는 업체가 맡고 있었는데, 지인의 소개로 나에게 온 기회였기 때문이다. 책임을 다하는 것만이 소개해 주신 분과 기회를 주신 한국지사장님과 부지사장님에게 대한 예의라고 생각했었다. 그리고 업체와 경쟁에서 절대로 밀리면 안 된다는 강한 강박감도 있었다.

다행히 여러 사람의 도움으로 오픈 행사가 마무리되었을 무렵에 나의 몸은 긴장이 풀리었는지 의지와는 상관없이 머리는 빙빙 돌았고 속은 울렁거렸다. 그리고 다리는 힘이 빠졌으며 뒷목은 마비가 되는 느낌이었고, 가슴은 터질 것 같았으며 숨을 잘 쉴 수가 없었다. 도저히 견딜 수가 없어 협력업체 사장과 함께 병원으로 가서 진료를 받고 링거를 맞았는데 시간이 지나면서 몸은 조금씩 회복되었다. 이런 증상들은 몇 년이 지나서야 '공황발작' 증상이라는 것을 알게 되었는데 '공황'과 나와의 첫 만남은 이렇게 시작되었다.

그러나 그 당시는 '너무 무리해서 그래, 조금 쉬면 좋아지겠지'라고 스스로 위로와 처방을 하면서 계속해서 열심히 사업과 많은 사회활동을 하였다. 가끔 몸이 안 좋을 때는 응급실에 가서 온갖 검사와 링거주사를 맞았지만, 왜 그런지 제대로 살펴보려는 생각은 하지 못하고 시간만 흘려보냈다.

마음속에 들어있는 것들은 몸에 영향을 미친다. 마음속에 무엇이 들어있는지 알고 싶으면 몸 안에서 벌어지는 일들을 살펴보고 몸의 행동을 관찰하면 된다. 그러면 자신이 무엇을 믿고 있는지 알 수 있다.

데이비드 호킨스, 『치유와 회복』중에서

밀려오는 공포와
맞서다

처음 경험하게 된 죽음에 대한 공포감

2004년 부산 서면 공사현장에서 '공황' 증상을 처음 경험했었지만 스트레스와 과로의 탓으로만 생각하고 시간을 흘려보냈다. 사회활동은 여전히 열심히 하면서 가끔 공황장애와 같은 증상들이 나타날 때도 '또, 그러는구나!' 라고만 생각하고, 증상이 발생할 때마다 건강 이상에 대한 MRI 및 CT검사와 혈액검사 등 의심 증상과 관련한 검사들을 받았다. 그리고 영양제를 포함한 여러 성분의 주사를 섞어 링거를 맞아가며 일을 하곤 했다.

2005년 어느 날, 이날도 마찬가지로 뒷목이 뻐근하고, 편두통 증상 등 몸이 전체적으로 불편하다고 생각이 들어 A 친구가 운영하는 한의원에 가서 진료를 받았다. 진료가 끝나서 나오려는 순간에 갑자기 쓰러질 것 같이 어지러웠고 현기증이 생겼다. 머리는 한쪽이 마비된 것 같은 느낌이 들어 그냥 바닥에 주저앉았다. 그리고 가슴은 터질 것 같아서 걸을 수조차 없었고, 온몸에서 힘이 빠졌다. '아! 이러다가 죽는구나!' 라는 공포감이 나의 온몸을 휘감고 있었다. 그러다 보니 나는 더욱 불안하고 긴장하게 되었다.

그래서 A 친구에게 이런 증상들을 말하고 "나를 대학병원 응급실로 데려다주면 좋겠다"라고 말했다. A 친구는 진료 중인 환자들에게 양해를 구하고는 나와 함께 택시를 타고 대학병원 응급실에 갔다. 이 와중에도 내가 만약 '의식이 없어지면 어떡하지'라는 생각이 들어, A 친구에게 다른 병원에서 근무하는 지인에게 전화해주기를 부탁했다. 그리고 몇 명의 연락처를 건네주고는 다른 사람들에게도 연락해 달라며 비상상태의 대비를 시켰다. 나는 엄청난 두려움과 공포감이 생겼으면서도 지금의 상황을 어떻게 해야 할지 누가 알려주지 않아도, 마치 정해진 매뉴얼대로 연습하는 것처럼 대처하고 있었다.

응급실에 도착하니 여러 명의 의료진이 달려왔고, 가슴이 터질 것 같고 머리는 한쪽이 마비된 것 같다는 말도 마치기 전에 나는 이미 의식이 가물가물해졌다. 얼마나 지났을까? 정신을 차리고 보니 지인 7∼8명이 와서 곁을 지켜주고 있었다.

그 이후에도 이러한 상황들은 자주자주 생기게 되었고, 대략 일 년 동안은 대학병원 응급실 주차장 차 안에서 밤을 보내야 했다. 이렇게 병원 앞에서 보내는 시간들은 오히려 갑자기 숨이 안 쉬어지든지 머리가 마비되는 것 같은 증상이 찾아올 때면, 바로 응급실로 갈 수 있다는 생각에 마음이 편안하게 느낄 정도가 되었다. 그리고 실제로 증상들이 나타나는 상황이 오면 내가 마치 독립투사라도 된 것처럼 조국이 위태로운 상황이면 언제든 달려나간다는 심정으로, 차 안에서 바로 응급실로 뛰쳐나가고 있는 나의 모습을 볼 수 있었다. 이렇게 나는 점점 더 심한 공황상태가 되어 스스로 만든 수렁 속으로 현혹이라도 된 듯 빠져들어 가고 있었다.

반복되는 공포감, '공황장애'였다니.

2005년 A 친구 한의원에서 공황발작 증상이 나타나서 대학병원 응급실에 다녀온 이후부터는 건강 관련 책들을 많이 보게 되는 기회가 되기도 하였지만, 건강염려증이 있는 사람처럼 행동하기도 하였다. 특히 한의학 관련 책을 읽는 것에 심취하였고, 책을 읽다가 궁금한 내용이 있으면 외곽에 있어서 처방전 없이도 약을 조제할 수 있으면서 한약도 취급하는 B형님 약국에 가서 물어보곤 하였다. 그리고 몸이 아플 때마다 조제해 준 한약 과립의 약을 먹기도 하였는데 신통하게도 증상이 완화되는 경험을 여러 차례 하게 되었다.

그러다 보니 한약에 대한 관심이 더욱 많아졌고, B 형님에게 부탁하여 아침에 출근해서 저녁에 약국이 끝날 때까지 약국에 있어도 된다는 허락까지도 받게 되었다. B 형님은 약국에 오시는 환자분들이 없을 때면 나에게 한약에 대한 기본적인 상식 외에도 본인이 주로 보던 책들을 가지고 특별과외를 하듯 지식을 가르쳐주었다. 어떤 때는 환자분들과 상담하는 것을 옆에서 듣고 있다가 그 내용을 스스로 정리해 보기도 하였고, 몇 개월의 시간이 지난 뒤에는 마치 내가 약사라도 된 듯이 상담 내용을 듣고서는 B 형님에게 무슨 탕에 관련된 증상이 아닌지 물어보곤 할 때도 있었다. 물론 틀릴 경우도 있었지만 때로는 맞는 경우도 많았다.

이렇게 한약 관련 공부는 10개월 정도 하게 되었고, 지금까지도 건강에 관한 상식을 이해하는 데에 많은 도움이 되고 있다. 특히 2013년에 대학교 한약학과 특별전형에 서류라도 낼 수 있는 용기를 가지게 되는 계기가 되었다.

약국에서 공부를 시작한 지 8개월 정도 되었을 무렵에 B 형님과 약국 직원 분 그리고 나 이렇게 셋이서 산행하기로 약속을 잡았다. 산행 코스는 완주군 고산면에 있는 안수사가 있는 안수산을 지나서 서래봉 정상을 다녀오는 것으로 정했다.

2008년 8월 17일 오전 7시 10분경에 고산 버스터미널에서부터 산행은 시작되었다. 안수사를 향해 가는 발걸음은 가벼웠고, 좋은 사람들과 함께하다 보니 나도 모르게 콧노래가 나올 정도였다. 너무 무리하지 않도록 천천히 산행하였고, 안수사라는 암자를 지나서 서래봉 정상을 불과 얼마 남겨놓지 않을 때였다. 오랜만에 너무 행복해하는 것을 시기라도 하듯이 '공황발작'은 시작되었다. 왼쪽 가슴은 답답하고 숨은 멈출 것 같았고, 속은 울렁울렁 토할 것 같았으며 온몸에 힘은 쭉

내 인생의 친구 공황장애

빠졌다. 그리고 머리는 멍멍하면서 어지러웠고, 심장 소리는 내가 느낄 수 있을 정도로 쿵쿵거렸으며 손목에 맥박은 잴 수가 없을 정도로 빨랐다. 이때 시간은 11시 30분이었고 함께 있던 B 형님은 혹시 저혈당 증상일 수 있으니 일단 사탕을 먹으라며 건네주었고, 누워서 잠시 쉬는 것을 제안하였다. 그래서 바위 위에서 누웠는데 하늘은 빙빙 돌아가고 있었다. 그 순간에 지나가는 생각들이 나를 더욱 심한 공포감으로 몰아넣었다. 한참의 시간이 지나도 증상은 계속되다 보니 119에 신고해서 헬기를 불러 달라고 해야 되는지 아니면 지금 바로 내려가자고 해야 되는지 머리는 더 복잡하게 되었다. 특히 다른 한쪽의 생각에서는 아무리 빨리 헬기가 온다고 해도 병원에 가지전에 죽을 것 같다는 생각만 있을 뿐 다른 어떠한 생각들이 끼어들 틈이 없었다. 이렇게 사투를 벌이다가 결국 12시 30분경에 최단 거리로 내려가는 방법을 B 형님과 직원 분에게 제안했고, 길이 아닌 길을 헤쳐가며 달리고 달렸다. 거의 2시간의 시간이 지나서야 처음에 출발했던 버스터미널에 도착할 수 있었다. 정신은 멍한 상태였지만 살아있다는 것으로 마음의 안정을 스스로 찾아야 했다. 버스를 타고 겨우 집에 돌아와서는 비상약인 신경안정제를 찾아 먹었는데 그 시간이 오후 4시경이었다. 약을 먹고서도 한없이 뛰는 맥박의 소리에 불안과 공포감은 사라지지 않아 '더는 안 되겠다'라는 생각에 근처 응급실을 찾아서 나섰다.

병원 응급실에 도착하여 평상시 하던 대로 여러 가지 검사를 하였다. 그 결과 심전도에 나타난 맥박의 횟수는 152회이었다. 지금까지 내가 경험했던 것과는 비교가 안 되는 정도의 심박수였다. 잠시 후에 심장내과 의사 선생님께서 직접 맥박 조절을 하는 주사제를 나의 상태를 보아가며 링거에 투약했다. 링거를 맞고 40분 정도 되었을까? 심전도를 다시 재보니 심박수는 81회 정상이었다. 이제야 숨이 편안하다고 느낄 수 있었고, 심장도 얼마나 힘들었는지 지금은 지치고 지쳐서 쉬는 것 같은 느낌이 들었다. 이날의 기억은 시간까지도 기억할 정도로 지금도 생생하다. 이때까지는 '건강이상증세! 내가 어떻게든 너를 극복한다'는 마음으로 이 방법 저 방법으로 나름대로 잘 조절해왔는데 갑작스러운 이때의 상황은 참으로 무섭고, 두려운 공포의 존재라는 사실을 더욱 실감나게 경험하였다. 그리고 이 사건은 나를 더욱 건강염려증으로 만드는 계기가 되었다.

전날의 일은 정말로 끔찍한 경험이었기 때문에 의사인 친구뿐만 아니라 첫 '징후' 이후 지금까지 다니던 병원들을 찾아가서 전날 생긴 증상을 상담하였다. 지인이 소개한 심장내과 의사 선생님은 전날 응급실에서 검사한 심전도 용지를 보고는 PSVT(발작성 상심실성 빈맥)이라고 하면서 혈압약을 추천하였고, 또 다른 병원 내과 원장님은 "갑상선 항진증이 있으면 그럴 수도 있으니 검사해보자"고 하셨다.

한의사인 A 친구는 자율신경계의 조절이 원활하지 못해서 생긴 것으로 '공황장애' 증상과 비슷하다고 하였고, 예전부터 모임에서 알게 된 신경정신과 의사인 지인도 공황장애에서도 나타날 수 있는 증상이라고 이야기하였다. 그리고 서울에서 내과 병원을 운영하는 친구는 전화 상담을 통해서 일시적 현상으로 일단은 심장 관련된 약 복용은 하지 말고, 스트레스 관리를 잘하고 지켜보자고 하였다.

다섯 명의 전문가와 상담한 후에도 어떻게 해야 하는지는 명확하지 않았으나, 그때서야 공황장애 증상으로 생각할 수 있게 되었다. 그리고 '스트레스를 받지 말고 지내자'라며 스스로에게 약속이라도 하듯이 한 번 더 다짐을 하였다.

그러면서도 이처럼 증상이 생겨서 응급실을 찾아갈 때와 해결 방법을 찾기 위해 여러 병원을 다니며 헤맬 때에도 항상 혼자서 판단하고 해결해야만 하는 신세를 원망하기도 하였다. 그러다 보니 우울감은 더욱 쌓이고, 그 우울감은 '공황장애'가 더욱 잘 성장할 수 있도록 하는 먹잇감이 되어가고 있었다.

어떤 순간에 행복이나 불행을 느끼는 것은 우리가 상황을
어떻게 받아들이며 자신이 지닌 것에 얼마나 만족하는가에 달려 있다.

달라이 라마·하워드 커틀러, 『달라이 라마의 행복론』중에서

공포체험이
계속되었다

'공황장애'는 일반적으로 심리적인 증상과 신체적인 증상이 함께 있는 장애라고 설명하고 있다. 주요 증상들을 제시하여 보면 다음과 같다.

1. 심장박동이 증가
2. 땀을 흘리거나 떨림
3. 숨이 가쁜 느낌
4. 질식감
5. 비현실감
6. 흉부 통증이나 불쾌감
7. 마비감과 같은 감각 이상
8. 자제력 상실이나 미칠 것 같은 두려움
10. 죽음에 대한 두려움

11. 배가 아픔

12. 한기가 느껴짐

13. 현기증이나 머리가 띵한 느낌

14. 입이 마르고 땀이 남

15. 구토감

이러한 증상들은 평상시 내가 주로 겪었던 경험들이다.

2008년 10월 어느 날 아침에 일어나서 6시부터 명상으로 하루를 시작하고, 오후에는 걷기 운동을 열심히 할 때였다. 집 근처 천변을 40분 정도 걸었을 때 또다시 반갑지 않은 손님이 찾아왔다. 그 이름은 '공황 발작'이었다. 심장은 터질 것 같은 통증과 답답함이 느껴졌고, 명치에서 목까지는 아주 뜨거운 열감이 있었으며 머리는 마비되는 것 같았다. 그리고 숨을 아무리 억지로라도 쉬려고 해도 쉴 수가 없었고, 다리에는 힘이 빠져서 30 미터 앞에 병원 '응급실'이라는 간판이 보이는데도 도저히 걸어갈 수가 없어서 몇 번을 쉬어가며 응급실에 도착해야 했다.

예전에도 자주 찾았던 응급실이었기에 의사 선생님의 상담을 받고, 심전도 검사에 큰 이상이 없으면 바로 주사를 맞을 수 있도록 빠르게 처리를 해주셨다. 이날은 비록 아파서 병원에 왔지만 행운이 있는 날이라고 생각이 들었다. 그 이유는 응급실 당직을 하고 계시는 젊으신 의사 선생님께서 "환자분에게 나타나는 증상은 '공황장애'입니다. 저도 공황장애를 겪고 있어서 잘 알아요. 이 병으로는 절대 죽지 않으니 걱정하지 말아요." 라고 하시면서, 옆에 있는 사람들도 겪어보지 않으면 얼마나 힘든지 모른다는 것이었다. 이런 말씀은 링거를 통해서 들어가는 안정제보다도 더 많이 나를 편안하게 진정시키는 약이 되었다. '의사 선생님도 아프시다니, 절대 죽지 않는다니' 공황장애 증상을 경험하신 의사 선생님의 한마디는 나의 모든 아픔이 치료되는 것처럼 생각이 들었다. 이러한 위로와 격려는 공황장애를 경험한 이후에 처음이었다.

그날은 정말로 아픔은 심했지만, 행복했던 날로 지금도 기억하고 있다. 그 이후에도 증상이 있을 때면 그분이 오늘도 당직 의사이기를 마음으로 기도하게 되었다.

2015년경 어느 날이었다. 제천에서 막내아들의 축구대회가 있었기 때문에 경기 관람을 위해 선수단 버스 차량 뒤를 따라서 차를 몰고 가던 중 발작이 찾아왔다. 온몸에 기운이 빠지고 가슴은 답답했으며, 맥박은 엄청난 속도로 뛰면서 머리는 어지럽기 시작하였다. 눈앞이 희미해지려는 순간 고속도로 휴게소가 보였다. 다급하게 휴게소 주차장에 차를 세우고 숨을 깊게 들어 마시고 내쉬고를 반복하면서 '정신을 차리자'라고 주문을 외우기 시작했다. 시간이 흘렀지만 조급함과 불안감은 더욱 거세졌고, 곧 죽을 것 같은 공포감에 나도 모르게 손가락은 119를 누르고 있었다. 119 상황실에 지금의 상황을 설명하고 휴게소까지 출동해주기를 요구했다. 그런데 119 상황실에 있는 소방관님은 지금은 퇴근 시간이라 도착하려면 시간이 조금 소요될 수 있으니, 운전이 가능하면 바로 근처에 있는 IC까지 올 수 있는지를 물었다. 그 말을 듣는 순간 '아! 병원도 못가 보고 여기서 심장이 멈추는구나!' 라는 생각에 불안과 공포는 더욱 나의 온몸을 감쌌다. 아무리 아파도 119에 전화를 해본 적은 세상에 태어나서 처음인지라 매우 당황스러웠다. 순간적으로 어떤 판단을 해야 하는지 아무런 생각이 나지 않았고, 119 소방관님께 조금 후에 다시 전화하겠다고 이야기를 하고 전화를 끊었다. 아무도 없는 사막에 홀로 남겨진 느낌이었다. 어떻게든 여기에서 살아 나야 한다는 생각뿐이었다. 일단 '침착하자'라고 혼자 중얼거리며 '공황발작'이 생겼을 때 먹었던 비상약을 찾아서 먹었고, 조금만 더 기다려 보기로 하였다. 대략 30분 정도 지났을까? 조금씩 여러 증상들이 사라지는 것을 느낄 수 있었고, 마치 긴 어둠의 터널을 빠져나왔다는 안도의 한숨을 쉬고 있을 무렵에 막내아들에게 전화가 걸려 왔다. "아빠! 어디세요. 왜 안 오세요?" 아들은 선수들과 함께 타고 가는 버스 안에서도 뒤따라오고 있는 아빠의 안전을 생각하고 있었던 것이었다. 갑자기 눈물이 핑 돌았다. "어! 별일 없어, 지금 천천히 가고 있어." 라고 말하면서 다시 출발하기 시작하였다. 운전하고 가는 내내 오늘의 공포 체험을 경험하면서도 정신을 잃지 않은 내 모습에 스스로 기특하다며 위로하기도 하였다. 그리고 오늘은 발작 증상이 지나갔으니 다시 찾아 오지 않을 것이라는 안도감에 남은 시간을 편안하게 보낼 수 있었다.

어느 날이었다. 사람들은 출근하러 발걸음을 재촉할 때 나는 집 근처에 있는 대학교로 가서 교정을 걷는 것부터 하루를 시작하곤 했다.

이날도 평상시와 같은 코스를 한창 걷고 있을 때였다. 아무런 이유도 없이 갑자기 정신이 혼미해지는 느낌과 가슴이 답답해지면서 불안함과 두려움이 밀려오는 것이었다. 그래서 이럴 때마다 했던 방식대로 차를 향해 되돌아갔고, 차 안에서 숨을 들어 마시고 내시는 것을 계속하면서 잠깐 눈을 감고, '오늘은 무엇 때문에 아침 일찍부터 왔는지'를 '공황'과 무언의 대화를 하고 있었다.

그런데 이때 아티스트 자우림의 'Hey, Hey, Hey'라는 노래가 라디오에서 흘러나오는 것이었다. 그 노래의 가사 내용을 적어본다.

Hey, Hey, Hey
Hey, Hey, Hey
Hey, Hey, Hey
Hey, Hey, Hey
햇살이 한가득 파란 하늘을 채우고,
눈부신 그대가 나의 마음을 채우고,
어두운 날들이여 안녕,
외로운 눈물이여 안녕,
이제는 날아오를 시간이라고 생각해
Hey, Hey, Hey
꽃다운 내가 그대의 마음을 채우고,
향기가 한가득 하얀 도시를 채우고,
어두운 날들이여 안녕,

이제는 행복해질 시간이라고 생각해,

Hey, Hey, Hey

Hey, Hey, Hey

Hey, Hey, Hey

Hey, Hey, Hey

영원히 내 곁에 눈뜨면 언제나

그대의 미소가 나를 웃게 하지...

이때 이 노래는 마치 나에게 '조금만 힘내면 행복해질 시간이 올 것'이라고, '용기를 잃지 말라'며 응원해주는 것처럼 생각이 들었다. 자우림의 노래 덕분이었을까? 답답했던 가슴은 진정이 된 것만 같았고, 다른 증상들도 원래대로 회복이 된 느낌이 들었다.

그래서 다시 걷기를 하려고 기대어있었던 몸을 바르게 세우려는 순간에 계기판 옆에 붙어있는 메모지를 보게 되었다. 그 내용은 며칠 전에 붙여 놓은 것으로 '폐차'라는 글자와 일자가 적혀있었다. 그동안에 잦은 고장으로 더 운행하면 위험할 수 있다는 카센터 사장님의 제안으로 내일은 폐차하기 위해 사람을 만나기로 한 날인 것이다.

이 차량은 첫 '공황발작'이 발생했을 때 '무엇 때문에 이렇게 정신없이 살아야 하는가?' 라며 사치와 허세라고 생각하는 것들을 하나씩 정리하는 과정에서 유지비가 저렴하다는 이유로 인연을 맺게 되었다. 그러나 주인을 잘못 만나서 거의 십 오년 동안 오십만 킬로미터를 운행하다 보니 여기저기 힘들다고 하는 상태가 된 것이었다. 그래서 내일 이런 상태에 빠진 차를 편안하게 쉴 수 있도록 한다는 생각으로 영원한 이별을 하려고 했던 것이었다.

드디어 이별의 날이 다가온 것이다. 그러다 보니 지금까지 차와 함께 했던 많은 시간이 스쳐 지나가면서 마음이 편하지만 않다는 생각이 들었다. 나에게 있어 이 차는 그 누구보다도 '공황' 증상으로 아파했던 시기에 나의 상황들을 모두 기억할 뿐만 아니라, 힘들다고 투정을 부릴 때에도 나의 가장 편안한 쉼터 역할을 해주었던 공간이자 친구 같은 존재였었다. 특히 머리가 정지되는 것 같은 느낌이 들거나 심장이 터질 것 같은 고통의 순간 및 불안과 공포감을 느끼면서 혼자서 가슴에 사혈과 부항을 하는 상황에서도 언제나 편안하게 쉬도록 모든 것을 허락해 주었다.

이렇게 나의 창피하고 감추고 싶은 많은 것을 기억하면서도 한 번도 싫은 내색을 하지 않고, 오히려 자신의 넉넉한 품을 내어주었던 내 차였다. 그런데 그것을 몰라주고 매몰차게 이별을 하려고 한 나의 행동 때문에 서운해서 심통을 부리려고 아침부터 '공황'이라는 친구를 보냈는지 모르겠다는 생각이 들었다. 이제라도 '미안하고 고맙다'라고 말하고 싶다.

두려움을 해소하고 진정 행복해질 수 있는 유일한 방법은 '지금 내가 두려워하고 있다'는 사실을 인정하고 그 두려움이 어디서 왔는지 깊이 보는 것이다. 두려움을 회피하려고 하지 말고 오히려 그 두려움을 의식의 수면 위로 불러낸 뒤 그 모습을 명확하게 깊이 보는 것이다.

틱낫한, 『오늘도 두려움 없이』 중에서

어린 시절 '공황' 영화의
주인공 놀이를 하다

어릴 적 하루에도 여러 차례 기적소리를 울리면서 지나가는 기차의 모습을 쳐다보기만 할 뿐 내부의 모습은 마음속 상상으로만 동경하면서 보내야 했던 시절이 있었다.

그 어느 날 멀리서 기적소리와 함께 끼익! 끼익! 하는 소리가 천지를 휘감아 버렸는데, 잠시 후 기관사가 정신없이 달려와서 "죽고 싶어서 환장했어요?" 라고 말한 것이 지금도 생생히 기억난다.

철길 건널목 한가운데에서 두 살이 된 동생을 엎고, 다섯 살이던 나의 손을 꼭 잡고 넋이 나가신 사람처럼 하늘만 쳐다보고 서 있는 어머니의 모습에 달리던 기차가 멈추는 일이 발생한 것이다.

철길 옆에는 사람들이 많이 다니던 샛길이 있었기 때문에 평소에도 많은 큰 사고들이 일어났었다. 끼익! 끼익! 하는 소리와 함께 지나가던 모든 사람의 시선은 우리에게 집중되었던 것이 기억된다. 운명의 장난일까? 이러한 장면을 희미하게나마 볼 수 있었던 곳에 위치한 사무실에서 업무를 보고 계셨던 아버지는 끼익! 하는 요란한 소리가 나서 창밖을 쳐다보시며 '정신 나간 사람이군. 왜 저런 행동을 할까?' 라며 생각하셨단다. 그 주인공들이 자신의 아내이며 사랑하는 자식들이라는 것을 조금도 생각하지 못했던 것 같았다. 책을 쓰려고 그때의 기억을 어머니와 큰 누나에게 물어보고 상황을 정리하다 보니 씁쓸한 웃음만 나왔다.

그 당시 아버지는 차량번호 7-7777 화물차 소유주였고, 석산을 개발하는 사업도 함께 하셨다고 한다. 그런데 차량번호에 행운의 숫자인 7이 다섯 개나 있었으면서도 행운보다는 일 년에 다섯 번씩이나 끔찍한 대형사고가 발생했다고 한다. 첫 번째로 큰 사고가 났는데 우연히도 그 사고가 난 양력 일을 음력으로 계산했을 때의 날에도 고속도로에서 대형사고가 일어났다는 것이다. 그리고 그 사고 차량을 견인하기 위해서 간 차량도 사고가 나는 이상한 일들도 생겼다는 어머니의 말씀을 들었다. 특히 이 사고로 운전하신 분과 조수로 일하시는 분께서는 심각한 위중 상태가 되었고, 그러다 보니 병원에서 필요한 여러 가지 일들과 그분들의 생계까지도 책임져야 하는 역할은 아버지와 어머니께서 하셔야 했다. 요즘처럼 화물차의 보험제도가 잘 되어있지 않았기 때문에 거의 보상을 받을 수 없었고, 운전자를 처벌받지 않게 하려면 소유주인 아버지께서 다 변상을 해줘야만 했었던 것이었다.

아버지께서는 사업을 시작할 때부터 넉넉하게 시작한 것이 아니었기 때문에 어머니께서 이중 삼중으로 걱정이 많았던 시기였었다고 말씀하시는 것을 들을 수 있었다.

기차를 멈추게 했던 그때의 사건은 여러 번의 대형사고로 아버지의 사업이 망한 지 얼마 안 될 무렵이었고, 그때까지도 병원에서 치료 중인 다친 사람들을 계속해서 어머니께서 돌봐야 하는 시기에 생긴 일이었다. 이런 상황에서도 자신의 아이들을 잘 챙겨야 한다는 마음에서 그랬을까? 국민학교에 이제 갓 입학한 둘째 누나를 철길 옆 위험한 샛길을 지나서 학교까지 데려다주고 집으로 가는 길이었다.

지금도 나의 무의식에는 요란하게 소리를 내며 점점 다가오는 기차의 커다란 모습에서 느껴지는 공포와 두려움에 맞서서도 어머니의 손을 절대로 놓지 않으려는 무의식의 행동을 생생하게 느끼고 있다.

이후 '기차와 어느 정도 친한 관계라고 생각했을까? 아니면 마치 영화 속 주인공이라도 되고 싶었던 것일까?' 철길에서 위험한 장면의 주인공으로 데뷔한 것처럼 느끼는 왜곡된 나의 시간은 한해 두해 지나갔다. 그때 나는 기차 레일 위에 대못을 놓고 기차가 지나가고 난 뒤 작은 검으로 변한 것을 보며 승전보를 가지고 돌아오는 장군처럼 기뻐하며 놀곤 했다.

어느 날 친구와 기차 레일 위에서 장군 검을 만드는 놀이를 하고 있었다. 이때 친구는 나에게 "레일과 레일 사이에 누워서 있을 수 없지?"라는 이야기를 했고, 나는 '검을 든 장군처럼 절대로 질 수 없다'는 생각보다는 이미 경험도 있었기 때문인지 "아니 난 할 수 있는데"라고 대답했다. 그래서 친구와 함께 실행하기로 하고 동시에 레일 사이에 누웠다. 그런데 친구는 멀리서 계속해서 울리는 기적소리와 함께 순식간에 레일 밖으로 나갔지만, 나는 몇 년 전에 이곳에서 공포감과 맞서서 어머니의 손을 꼭 잡았던 기억에 빠져서 도망가는 시간을 놓쳤다. 그리고 레일 사이에서 웅크리고 누워서 기차를 맞이했어야 했다. 눈을 감고 두려움과 공포를 애써 참아 가며 '기차야 어서 빨리 지나가라'고 마음속으로 간절히 기도했다. 또 한 번의 극심한 일종의 공포체험이었다.

국민학교 1학년 1학기 때에는 돌아가는 길이 있었지만 밑으로 하천이 보이고, 철길 높이는 3~4미터 정도가 되는 기찻길 침목 위를 하나씩 딛고 학교에 간 적이 있다. 이날에도 중간쯤 건너가고 있을 때 멀리서 기적소리가 들려왔다. 앞으로도 갈 수 없고 뒤로도 갈 수 없는 상황에 처하게 되었다. 기차가 점점 다가올수록 모든 것이 정지되어 어찌할 수 없는 순간처럼 생각이 들었을 때, 어디서 나타났는지 모를 사람들이 "야! 뛰어내려, 뛰어내리라고!" 애타게 외치는 목소리가 들렸다. 사람들의 모습은 멀어서 보이지 않았지만 목소리는 생생했다. 그때의 공포와 불안감은 어머니의 따뜻한 손길 없이 오로지 나의 힘으로 견디어야 했었고, 바지 한가운데에서 조금씩 젖어드는 이상야릇한 뜨거운 느낌도 나의 마음을 혼란스럽게 했다. 공포와 불안감을 회피하려는 것인지 아니면 바지에 오줌을 싸서 창피한 마음을 감추려고 그랬는지 모르겠지만, 나는 하천에 몸을 던져 살 수 있었다.

집으로 다시 돌아가 옷을 새것으로 갈아입고 학교에 갔다. 어느 정도 시간이 지났을까? 방송 스피커에서 교장 선생님의 목소리가 들렸다. 등교할 때에는 절대로 지름길인 철길로 오지 말라는 훈시였다. 이 날도 나는 영화의 주인공이 되었다.

이처럼 철길은 나에게 두려움과 공포 그리고 기쁨과 행복이 함께 공존하고 있음을 느끼게 했던 곳이다. 특히 어릴 적 철길 위에서 느꼈던 두려움과 공포는 나에게 '정신에 지속적인 영향을 주는 격렬한 감정적 충격'이라는 사전적 의미의 트라우마를 형성하기에 충분했다고 생각된다. 이렇게 나의 무의식에 남아 존재했던 트라우마는 결국에는 많은 것을 잃게 했던 '공황장애'를 선물로 안겨 준 것인지 모른다.

지금의 상황에서는 서로를 거울삼아 마주 보고 서 있는 철길을 생각하면 진정한 삶의 의미를 깨닫게 해준다는 느낌이 든다. 레일의 간격이 조금만 멀어져도 조금만 가까워져도 안 되는 것처럼 삶의 이상과 현실 사이를 오가며 지나침과 부족함으로 인하여 감정의 부조화가 생기고, 그로 인해 몸과 마음이 공황상태에 빠지는 것은 전혀 다르지 않기 때문이다.

오늘도 옛날의 철길에 담긴 추억을 생각하면서 다시 한번 칼날 위를 걸어가는 심정으로 치우치지 않는 조화로움과 당당하고 올곧은 마음의 길을 걸어가고자 다짐해 본다.

그림자를 묻기 위해 무덤을 파고 흙으로 덮었지만, 그림자가 다시 나타나서 결코 묻을 수 없었다. 자신의 생각을 묻으려고 애쓰는 사람의 경우도 이와 마찬가지다. 그러므로 그대는 생각들이 솟아나는 밑바닥에 도달하여 생각들과 마음과 욕망을 뿌리 뽑으려고 시도해야 한다.

라마나 마하리쉬, 『그대 자신을 알라』 중에서

'공황'의 늪으로
더욱 빠지게 한 좌절감

어느 날 가수 현진영에 대한 신문기사를 봤다. 그는 2005년 회사를 차렸다가 사업이 실패를 하게 되어 빚더미에 앉게 되었고, 그때부터 절망감이 찾아와 우울증과 공황장애를 굉장히 심하게 앓았다고 한다. 하지만 이런 상황에서도 그는 아내가 '나를 살릴 사람이다.' 라는 생각을 했었고, 아내의 노력으로 극복하게 되었다는 이야기였다. 왠지 모르게 '부럽다'라는 생각이 스치고 지나갔다. 나에게도 2005년은 '공황발작' 증상들이 조금씩 심각하게 나타나기 시작한 시기였다. 그 당시에는 왜 그러는지 알지 못하고 단순하게 스트레스와 과로로 인해서 '그러겠지'라고 생각했지만, 시간이 흘러갈수록 수시로 불안과 공포감이 동반되는 다양한 증상들이 나타났다. 그럴 때마다 항상 혼자서 대학병원 응급실을 다녔고, 여러 가지 검사를 하였으며 여기저기 유명하다고 하는 병원과 한의원을 찾아다녔다. 이런 증상들은 집에서 쉬고 있을 때도 여지없이 나타나기도 하였는데, 이때마다 "특별한 것도 없는데 매번 습관처럼 뭐 하러 병원에 다녀. 기도나 하지." 라는 애들 엄마의 목소리를 들어야 했다. 어릴 적부터 해결되지 못하고 마음속 어딘가에 자리 잡고 있었던 분노의 마음에 불을 붙였다. '가족을 위해 먹고 살려고 일하다 보니 이렇게 아픈데'라는 생각에 한없이 원망은 쌓여만 갔다. 이러다 보니 잦은 싸움으로 신뢰는 무너지고 있었다.

게다가 시간이 지나갈수록 애들 엄마는 모 단체에 더욱 심취해 집안일이며 아이들에게 날이 갈수록 소홀해졌다. 이 무렵은 나도 '공황발작'이 생기는 문제들을 빨리 극복하고 싶은 마음은 있지만, 실제로는 잘 극복되지 않아서 많이 혼란스러웠기 때문에 심한 언쟁이 자주 일어나게 되었다. 그러다 보니 거의 별거하다시피 하는 상황이 발생했었고, 수시로 발작이 일어날 때마다 병원을 찾아다녀야 하면서도 아이들 챙기는 부분까지 나의 몫이 되어가는 상황에 더욱 심한 마음의 상처를 받아야 했다.

그래서 "나는 이렇게는 더는 못살아, 이혼을 하든지 그 단체에 아예 가든지 선택해." 라고 말했고, 조금의 망설임도 없이 그 단체를 위해서 목숨이라도 바칠 것 같은 모습으로 '이혼하겠다'는 선언을 들어야 했다. '혹시 내가 잘못 들은 것은 아닐까?' 라며 귀를 의심해 보았지만, 그 말은 사실이었다. 어이가 없는 것을 넘어 웃음이 나왔다. 이런 사람하고 지금까지 '무엇 때문에 살았나!' 라며 내가 나에게 오히려 되물어보는 심정이었다. 더는 싸울 힘도 가치도 없다는 생각이 들었고, 이혼이 결정되는 날만 기다리고 있었다.

이런 일이 있고 나서 시간이 지나갈수록 나의 마음에는 분노의 마음이 조금씩 커졌다. 이럴 때 사람들이 흔히 하는 말로 '말보다는 주먹이 빠르다'라는 이야기가 머리에 계속해서 맴돌았다. 평상시에 분노심이 생길 때면 반드시 응징하려고 하는 나의 병이 다시 도지고 있다는 것을 느낄 수 있었고, 통제가 잘 안 된다는 것도 느끼게 되었다. 공황장애가 생긴 이후 지금까지 사업마저 접으며 원래대로 회복해서 예전과 같은 정상적인 생활을 할 수 있기를 기대하며 견디고 왔는데, 그 견디는 힘이 무력해지는 것 같은 나의 모습에 더욱 분노가 생긴 것이다.

그래서 예전에 사업체를 운영하면서 다양한 사람들과 친밀한 관계를 맺으며 잘 지냈던 사람 중에서 주먹세계에 있는 형님에게 연락하여 상의하게 되었다. 그랬더니 "무슨 일이 있으면 연락을 해라"는 말에 오히려 위안이 될 정도로 내가 많이 흥분된 상태였다.

애들 엄마를 저렇게 만든 단체의 사람들을 찾아가서 영화에서 나오는 것처럼 철저하고 가장 잔혹하게 응징하고, 나도 깔끔히 세상을 마무리해야겠다고 결심했다. 지금 생각하면 아주 단순하고 무식하게 모든 것을 이런 식으로 해결하려고 하다 보니 아픈 것은 당연하다는 생각마저 든다.

아이들 세 명을 불러 아빠가 할 말이 있으니 잘 들어보라고 말하며 "너희들은 아빠가 없어도 잘 살 수 있지?" 라고 물었다. 그리고 앞으로 큰아들은 변호사를 하는 형님을, 둘째 아들은 사업을 하는 형님을, 막내아들은 경찰관 생활을 하는 형님을 양아버지처럼 생각하고 살면서 힘든 일이 있으면 찾아가 상의를 드리라고 하였다. 또 큰고모는 항상 아프시면서 평생을 살아오신 할머니를 대신하여 둘째 고모, 막내 고모와 아빠를 보살펴주신 엄마와 같은 존재라고도 이야기하며 무슨 일이 있으면 찾아가라고 했다. 이러한 이야기가 끝나자마자 아이들의 눈에는 눈물이 줄줄 흘러내렸고, 막내아들은 "엄마도 없는데 아빠까 지 없으면 우리는 어떻게 살아"라고 말하는 것이었다. 순간 모든 우주 의 흐름이 멈춰버리는 것 같았고, 숨이 막혀 왔다. 도대체 '내가 지금 무슨 짓을 했는가?' 라는 생각에 정신은 차려졌고, 나는 더 이상 잔인 한 생각을 행동으로 옮길 수 없었다. 이렇게 나는 스스로를 더욱 피폐 하게 만들어가며, 공황의 늪에 더 가까이 다가가고 있었던 것이었다.

감정은 대부분 경우 자신의 말이나 행동을 통해 상대를 자신이 원하 는 대로 움직이려고 할 때 사용된다. 분노를 표출하면 상대가 자신의 말을 들을 것으로 생각하기 때문에 그 목적을 위해 분노라는 감정을 만드는 것이다. 슬픔이라는 감정은 상대로부터 동정을 이끌어 내기 위 해 만들어진다. 이처럼 감정은 우리 마음속에 있는 것이 아니라, 자신 과 상대 사이에 존재하는 것이다.

기시미 이치로, 『아들러 심리학을 읽는 밤』 중에서

상실된 자존감의 흔적이
'공황'으로

고등학교 1학년 때 일이다. 왠지 모르게 온몸에 심한 고열이 일주일 이상 지속되었다. 아침에 겨우 학교에 오면 바로 엎드려 자다가 수업이 끝나면 일어나 겨우겨우 집에 갔다. 아마도 지금 생각하면 장티푸스 같은 열병이지 않았을까 생각된다. 이때에도 어머니께서는 아프셔서 학교에 가기 전에 새벽부터 혈압과 중풍 관련 탕약을 끓여 놓고 학교에 가야 했을 때였다. 그래서 내가 아프다고 하면 놀라시고 걱정하실 어머니를 생각하다 보니 아프다고 말할 엄두도 못 냈다.

그런데 이 시기는 운이 없게도 시험 기간이었다. 고열로 정신이 혼미하던 나는 시험지를 받자마자 1,2,3,4,3,3,3,3 ... 이렇게 순식간에 답안지에 답을 체크하고 엎드려 잠들었다. 그 결과는 학생 수가 대략 70명 정도 되는 반에서 성적 순위가 60등이 되었다. 친구들은 아픈 나를 많이 걱정해 주었지만, 무정한 담임 선생님은 "너희 아버지를 봐서라도 이렇게 하면 되겠냐?" 라며 앞으로 나와서 성적표가 붙어있는 벽을 보고 서있으라고 하는 것이었다. 또 다른 선생에게는 시험문제 틀린 개수만큼 싸다구를 맞아야 했다. 착한 아들로 살아야 하는 나는 사형수가 형장 앞에서 체념하듯이 더욱 무기력하게 그 상황에 순응하며 선생에게 반항하는 대신 속으로 비웃는 방법을 선택해야만 했었다. 이러한 상황은 어릴 적 철길에서 생긴 사건 이후 나에게 또 하나의 큰 트라우마로 남게 되었다.

어떤 선생은 버스 안에서 자기 입에서 담배 냄새나는지 맡아 보라고 두 번이나 그랬을 때 나는 담배 냄새가 난다고 말하였고, "사모님에게 혼나세요?" 라고 물었다가 또 버스 안에서도 싸다구를 서너 대 맞아야 했던 적도 있었다. 이처럼 고등학교 시절에는 상실된 자존감으로 점철된 시절이었다. 육체는 학교에 있으나 영혼은 다른 세계로 가 있었다. 점점 공부보다는 돈 버는 일을 하고 싶었다.

마침내 대학에 입학하였고, 낮에는 그렇게도 하고 싶었던 돈 버는 일을 하게 되었다. 그 일이란 아버지께서 근무하시는 회사에서 일용직으로 일하는 것이었다. 이는 가정보다는 회사 일에만 최선을 다하시는 '우리 아버지는 과연 어떤 분인가?' 라는 궁금증을 동시에 풀어 볼 수 있는 좋은 방안이기도 했다.

아버지께서 근무하시는 회사는 원래 아버지의 사촌 형님이 운영하시는 회사였는데 경영난으로 부도 위기에 처하게 되었다. 그러자 아버지께서는 사촌 형님 회사를 살려야 된다는 생각으로 밤낮을 가리지 않고, 헌신의 노력으로 정상적인 운영이 될 수 있게끔 만들어 놓으신 회사였다. 나는 이런 회사에 들어가서 일하게 되었는데, 첫 공사현장은 운명의 장난인지는 모르겠지만 바로 얼마 전에 졸업한 모교인 고등학교 정문 옆이었다. 공사 기간이 길어서 현장에 사무소와 숙소를 만들어 놓고, 일하는 사람들끼리 그곳에서 생활하여야 했다. 나도 역시 그곳에서 생활하였고, 출퇴근 시간에는 많은 선생님을 거의 자주 볼 수 있었다. 어느 날은 교장 선생님이 출근하시기에 반가운 마음에 인사했더니 하신다는 말씀이 "거봐라. 학교 다닐 때 공부를 안 하니까 이런 일이나 하지"라고 말씀하시고는 가던 길을 가셨다. 가슴에서부터 쓰디쓴 웃음이 나왔고, '당신이 내 깊은 뜻을 어떻게 알겠냐.' 라며 애써 내 마음을 진정시켜야 했다.

그리고 현장에서 일하다가 가끔 대학교에 일찍 갈 때면 선배들과 이야기하는 것을 좋아했던 나는 선배님은 "인생의 가치관이 무엇이냐? 삶이란 무엇이라고 생각하시냐?" 등 질문을 하며 이야기를 나누기를 기대하였다. 하지만 "야! 취업 공부하고 먹고 사는 것 신경 쓰기도 힘든데 무슨 헛소리를 해." 라고 핀잔을 듣기도 했다. 그럼에도 불구하고 대학 1, 2학년 때에는 마치 고등학교 때 꿈꾸었던 스님이라도 된 것처럼 인생이란 무엇인가에 대한 질문을 스스로 던지고, 시간이 날 때마다 불교 경전을 공부하고 혼자 사색을 즐기는 시간을 보내곤 하였다.

하지만 시간이 흘러갈수록 이상과 현실의 차이가 크다는 것을 느끼고, 어떤 때는 비정상이 정상적인 상황을 이기는 아이러니한 상황을 경험하기도 하였다. 이런 혼란스러운 시간이 쌓여 갈수록 하루하루가

지옥과도 같았다. 또다시 나의 정체성이 흔들리는 시간을 보내고 있던 어느 날, 천둥이 치듯 가슴으로 들여오는 소리가 있었다. '너 혼자 세상을 바꾸지 못한다. 세상의 흐름에 따라 살아가라'는 내면의 소리에 하염없이 흐르는 눈물을 어찌할 수 없어서 한참을 그냥 울었던 기억이 있다.

그 이후 시간이 흘러서 나는 29세의 나이로 전기공사업체 대표가 되었다. 관공서에서 발생하는 공사가 있을 때마다 발주처에 가서 입찰을 참가하곤 했는데, 지방 어느 한 교육청에서의 입찰을 참가하고 나오는 중에 1층 로비 벽에 붙어있는 교육장의 사진 액자를 보게 되었다. 바로 고등학교 시절에 "거봐라. 학교 다닐 때 공부를 안 하니까 이런 일이나 하지"라고 말씀하셨던 교장 선생이었다. 마치 운명의 장난처럼 여겨졌다. 한 회사의 대표가 된 나는 교육장실로 발길을 돌렸고, 비서의 안내를 받아 교육장실로 들어섰다. 나의 신분을 밝히고 예전에 있었던 일을 말씀드렸고, 지금까지도 그때의 말을 한 번도 잊어 본 적이 없었다고 이야기했다. 그리고 언제든 만나게 되면 반드시 정중히 사과를 받으리라 생각했었다고 말씀드렸다. 그러자 그렇게 마음에 상처가 되었다면 정말 미안하다고 정중하게 사과를 하셨다. 그제야 10년 전 가슴속에 맺힌 체기가 내려가는 것 같았고, 무심히 던진 말 한마디가 상처가 되어 한 사람의 인생을 뒤흔들 수도 있다는 사실을 나의 경험을 통해서 깨닫게 되었다.

이렇게 나는 학창시절에 상실된 자존감이 가슴에 상처로 차곡차곡 쌓아갔고, 그 못된 선생들을 마음속으로 수천 번 살인하면서 살았어야 했다. 이러한 트라우마가 하나둘씩 쌓여 '공황'을 절친한 친구로 만들 거라고는 전혀 생각하지도 못했다.

마음이란 진아 안에서 나타나는 미묘한 힘이다. 그것은 모든 생각을 일으킨다. 생각이 바로 마음의 본질이다.

라마나 마하리쉬, 『나는 누구인가?』 중에서

'공황'을 불러온
마음의 갈등들

　나의 아버지는 시골에서 둘째 아들로 태어나셨지만 국민학교를 입학하기 전부터 집안의 모든 일을 도맡아 하셔야만 했던 분이셨다. 그러다 보니 바쁜 농사일로 국민학교도 같은 또래보다도 몇 년을 늦게 다니셔야 했으며, 그것조차도 자신이 직접 학교에 찾아가 입학을 하셔야만 했다고 한다. 그리고 국민학교와 중학교, 고등학교 시절에도 집안일이 바쁘면 학업을 잠깐 쉬었다가 월반 시험을 보면서, 학교 공부를 이어가셔야만 했었다고 말씀하셨던 기억도 있다. 그래서 친구들보다는 3~4년 늦게 고등학교를 마치게 되었고, 이후 대학에서는 철학과를 선택할 정도로 낭만과 멋을 아시는 분이기도 하셨던 것 같다.

　하지만 자신이 원하는 삶보다는 주변 사람들을 먼저 생각하시는 분이었다. 특히 시골에서 건강이 좋지 않으면서도 술을 좋아하셨던 형님 일이라면 모든 것을 던져서라도 대신해주셨고, 실속 없이 남에게는 한

없이 좋은 사람이라는 평을 받으시던 아버지이었다. 그리고 내가 세상에 태어나서도 아들이 없던 자신의 형님에게 나를 양아들로 보내야 하는 것은 아닌지 생각하시다가 1년 동안을 호적에 이름을 올리지 않으셨던 아버지다. 하지만 어머니는 내가 법적으로 큰아버지의 아들이 아닌 어머니의 아들로 살아가도록 만들어 주셨으며, 아버지에게는 자식과 가정을 전혀 챙기지 않는다고 불만을 자주 표현하셨던 분이다.

내가 여섯 살 정도가 되던 어느 날이었다. 그날은 화창했던 기억이 난다. 어머니는 아침 일찍부터 서둘러 준비하시고 어디론가 떠나시려는 듯하였다. 영문도 모르는 나는 어머니께서 시키는 대로 준비를 했다. 버스를 여러 번 환승하고 몇 시간이 지난 후에 도착한 낯선 곳에서 어머니는 지나가는 사람들에게 주소를 보여주며 무언가 물어보셨다. 머리와 한 손에는 짐 보따리가 있었고, 다른 한 손에는 행여라도 놓칠까 봐 아들의 손을 꼭 잡고 있었다. 잠시 후 어느 집에 도착하여 어머니는 주인에게 가족이라고 설명하고는 아버지 계시는 곳을 물어보셨다. 아버지는 공사현장에 계시고 일이 끝나면 저녁에 주무시러 오신다는 것이다.

한참을 기다렸을까? 멀리서 희미하게 보이는 모습은 아버지의 모습이었다. 조금씩 아버지의 모습이 선명해질수록 어머니 얼굴이 반가운 표정으로 변하는 것을 어리지만 느낄 수 있었다. "우리 왔어요." 라는 어머니의 말씀에 돌아온 대답은 "어찌 왔어요." 라는 무심한 대답이었다. 어린 기억에도 한참 시간 동안 적막이 흐르는 것 같았다. 어머니

내 인생의 친구 공황장애

의 눈에는 소리 없는 눈물이 흘러내렸던 것 같았고, 가지고 가셨던 옷 가지 등의 짐들을 아버지에게 전해주시고는 곧 바로 "가자"라고 하셨던 목소리가 지금도 생생하다. "몇 개월 만에 고생고생해서 여기까지 왔는데..."라는 흐려지는 어머님의 말씀이 끝나기도 전에 어머니의 걸음은 이미 버스터미널로 향해서 걸어가고 있었다. 이렇게 잠깐의 상봉을 뒤로하고 버스를 타고 가는 동안에 어머니는 온몸이 가렵다며 계속해서 긁고 계셨다. 얼굴색은 붉은 기운이 있는 듯했고, 얼마나 긁었는지 피부는 빨간색으로 변해있었다. 지금 생각해보면 '어머니의 가슴에는 얼마나 많은 원망과 서운함이 있었을까?' 라는 생각이 든다.

아버지는 계시지만 없는 것처럼, 어머니께서 혼자 집안에 발생하는 여러 가지 일들을 헤쳐 나아가셨다. 이런 모습을 볼 때마다 나에게도 아버지의 존재는 희미해졌고, 어머니 존재감마저 사라질까 봐 어머니의 행동과 모습을 항상 주의 깊게 살피는 습관이 시작되었다. 지금 생각하면 어머니를 '잃어버리지 않을까'라는 불안감이 마음 깊은 곳에 형성되었든 순간들이었던 것 같다.

이렇게 불안감을 심어준 나의 어머니는 내가 세상에 태어나기 전부터 혈압이 높으셔서 약을 드셨으며, 심지어 내가 어머니와 세상에서 처음 만났을 때는 나를 출산하다가 혈압이 너무 높아지게 되어서 입이 한쪽으로 돌아간 상태이었다. 그뿐만 아니라 지금까지 혈압으로 의식을 잃고 쓰러져 병원에 실려 간 횟수만도 6회 정도가 된다. 이런 일이 있을 때면 학교에서 수업 중인 나를 찾아와서 병원으로 데리고 가는 사람이 나타났고, 그럴 때마다 나는 의식이 없는 어머니에게 무릎을 꿇고 잘못했다고 빌고 또 빌었던 기억이 있다. 이런 상황이 반복되면서 불안과 공포감은 마치 절친한 친구처럼 내 안에 들어와 항상 기다리고 있었다. 어느새 나는 아버지의 존재를 모르는 아이로 어머니에게는 항상 말을 잘 듣는 착한 아이로 살아야 했다.

이처럼 나의 아동기에는 친부모님을 두고도 양아들로 갈 뻔했었다는 이야기를 들을 때마다 나중에라도 '친부모님과 헤어지는 일이 정말로 생기는 것은 아닐까?' 라는 생각과 어머니께서 혈압으로 의식을 잃고 쓰러져서 혹시라도 불행한 일이 생길지도 모른다는 생각에 불안감과 두려움이 쌓아져 갔던 것 같다. 지금 생각해보면 그 당시 나는 분리불안 장애 환자의 조건들을 충족하고 있었으며, 낯선 사람들에게는 입을 다물고 말을 하지 않는 선택적 함구증도 함께 있었던 것으로 생각된다. 이러한 사건들은 내가 성인이 된 이후에도 자연스럽게 공황장애를 겪게 되는 밑거름이 되고 있었다.

여기서 잠깐, 서울대학교병원 의학정보에 의한 '분리불안장애'에 대해서 살펴보면, 애착 대상으로부터 분리될 때 혹은 분리될 것으로 예상될 때 느끼는 불안의 정도가 일상생활을 위협할 정도로 심하고 지속적인 경우를 말한다. 그리고 '분리불안장애'를 진단할 때는 미국정신의학회에서 공식적으로 발행한 DSM-V(정신질환진단 및 통계편람-5) 진단지침을 주로 사용한다. 즉, 분리불안 장애 진단기준 여덟 가지 특성 중에서 세 가지 이상이 나타나고, 장애의 지속 기간이 아동, 청소년의 경우는 최소한 4주 이상, 성인에서는 전형적으로 6개월 이상 지속되어야 하며, 이로 인해 일상생활에 심각한 장애를 초래하는 경우를 '분리불안장애'라고 정의한다. 그 내용을 소개하면 다음과 같다.

1. 집 또는 애착 대상과 떨어져야 할 때 과도한 고통을 반복적으로 겪음

2. 주 애착 대상을 잃거나 그에게 해로운 일이 일어날 것이라고 지속적으로 과도하게 걱정함(예: 질병, 부상, 재앙, 죽음)

3. 곤란한 일이 생겨 애착 대상과 떨어지게 될 것이라고 지속적으로 과도하게 걱정함(예: 길을 잃음, 납치, 사고, 질병)

4. 분리에 대한 공포 때문에 집을 떠나 학교, 직장 혹은 다른 장소로 외출하는 것을 지속적으로 싫어하거나 거절함

5. 집이나 다른 장소에서 애착 대상 없이 있거나 혼자 있는 것에 대해 지속적으로 과도하게 두려워하거나 거부함

6. 집에서 떠나 잠을 자는 것이나 애착 대상 곁이 아닌 곳에서 자는 것을 지속적으로 과도하게 거부하거나 거절함

7. 분리 주제와 연관된 반복적인 악몽을 꿈

8. 애착 대상과 떨어져야 할 때 반복적인 신체 증상을 호소함(예: 두통, 복통, 오심, 구토)

중학교 때에는 이미 내 의지대로의 삶이 아닌 어머니의 착한 아들로 살아야 한다는 무의식이 나의 존재를 소멸시켜가고 있었다. 그래서였을까? 어떻게든 살아있는 나를 확인하고픈 무의식적 행동이었는지 모르겠지만 면도칼로 어떤 때는 1~2센티, 또 어떤 때는 20센티 정도로 나의 팔뚝을 가르고 수돗물에 씻겨 내려가는 핏물을 보면서 마치 반가

운 친구라도 만난 것처럼 행복해했다. 그리고 나의 가슴 속에 맺힌 멍에를 씻어 보내듯이 그 상황을 즐기면서 웃기도 하였다. 때로는 담뱃불로 손등을 지지는 쾌감을 느끼면서 마치 나에게 위로를 주는 시간인 것처럼 생각하며 보내기도 했다.

이러한 중학교 시절의 행동들은 지나친 불안과 두려움들이 상실된 자존감과 만나서 나를 혐오하는 분노와 공격성의 표출이었다는 생각이 든다.

고등학교 시절에는 알 수 없는 나의 무기력함이 더욱 심해졌다. 그러다 보니 사람들은 마치 무기력함을 순하고 착한 양인 것처럼 착각하며 나를 보았고, "참 착하게 생겼네, 부잣집 아들처럼 생겼네." 라는 말들을 많이 하곤 했다. 이런 상황이 될 때마다 나는 내가 무서울 정도로 절대 착하지 않으며, 일 년에 한 번씩은 하이에나가 썩은 고기를 찾아 헤매듯이 전셋집을 찾아서 이사 다닐 정도로 가난한 집에서 산다고 마음속으로 외치며 겉모습만으로 판단하는 사람들을 마음껏 비웃어야 했다. 이러한 사람들의 왜곡된 시선은 나의 본 모습이 아닌 사람들이 생각하는 모습으로 내가 맞추어 살아가야 하는 것은 아닌지 착각할 정도였다. 때로는 내가 마치 인위적으로 이중적 삶의 소유자로 행동한 것처럼 갈등하며 괴로워하는 것은 항상 나의 몫이 되었다.

이런 생각이 들 때마다 오히려 어떻게 하면 '착한 사람'이 아닌 '악랄하고 나쁜 사람'이 될 수 있을까를 고민하면서 문뜩문뜩 중학교 시절에 했던 것처럼 칼로 얼굴을 긁어 버리는 생각을 수도 없이 하기도

했다. 이러한 행동마저도 실행하지 못하게 만든 착한 아들 '콤플렉스'
는 나의 숨통을 끊는 것처럼 큰 고통이었다.

이렇게 어린 시절의 시간들은 내가 훗날에 '공황' 증상을 겪어야 하
는 상황을 미리 예견하는 것처럼 두려움, 불안, 분노, 극단적 행동, 자
존감 상실, 강박적 마음들과 친밀한 관계를 맺어가고 있었던 것이다.

남들이 어떻게 생각하는지 신경 쓰고, 미움받지 않고 사랑받길 바라기
만 하며 사는 것은 불행한 삶이다.

기시미 이치로, 『아들러 심리학을 읽는 밤』 중에서

제2장

내 안의
분노, 불안, 두려움을
보다

원망과 증오의
씨앗이 싹트다

고등학교를 마칠 무렵이면 사람들은 어느 대학에 갈까 고민하겠지만 공부에는 별로 관심이 없었던 나는 '어떻게 하면 돈을 많이 벌까?'라는 생각으로 시간을 보냈다. 마침내 대학교 원서를 쓰는 시기가 되었고, 담임 선생님은 부모님과 상의를 해서 어느 대학을 생각하고 있는지를 알려달라고 하셨다. 하지만 나는 대학을 갈 생각이 없었기 때문에 부모님에게도 이런 사실을 말씀드리지 않았고, 어서 빨리 원서 마감일이 되기만을 바라고 있었다. 왜냐면 그 기간이 지나면 대학교에 가더라도 올해가 아닌 내년에 가야 되니 최소한 일 년은 내가 하고 싶은 일들을 먼저 할 수 있겠다고 생각을 하였기 때문이었다. 그런데 어느 날 담임 선생님은 내가 대학 갈 생각이 없어서 부모님과 상의조차 하지 않고 있다는 것을 어떻게 아셨는지, 직접 아버지에게 연락하셨다. 이 연락을 받고 아버지와 어머니는 하나밖에 없는 아들이 왜! 대학을 안 간다고 하냐?" 라며 날이면 날마다 하늘이 무너진 듯 걱정을 하시게 되었다. 하지만 여기서도 내 뜻을 접는다면 내가 숨이 막혀 죽을 수도 있다는 생각이 강렬하게 들었다. 그래서 나는 물러서지 않았고, 태어나서 처음으로 반항을 해 보기도 하였다.

마침내 낮에는 내가 하고 싶은 일을 하고 밤에 야간 대학을 다니는 것으로 타협점을 찾게 되었다. 이러다 보니 전공을 선택하는 것에도 별 의미를 찾지 못하고, 아버지께서 전기회사에 근무하시고 계신다는 이유만으로 전기공학과를 선택하게 되었다.

이렇게 대학 생활은 시작이 되었고, 2년 동안을 다녔지만 대학 생활에서도 큰 의미를 찾을 수 없었다. 그래서 나는 무의미한 삶을 회피하기라도 하듯이 군에 입대를 자청하게 되었다. 제대한 후에도 별로 복학하고 싶지 않았지만 진지한 태도라도 취해 볼 양으로 선배들에게 자문을 구했는데, 한결같은 소리로 "너 언제 공부했냐? 그냥 대학교 반절은 다녔으니 그냥 복학해서 대충 졸업해라"라는 이야기를 들어야 했다.

이렇게 의미도 없이 대학 생활은 다시 시작하게 되었다. 그러다 보니 걸어가다가 어깨를 부딪치면 부딪쳤다고 시비 걸어 싸우고, 술을 먹다가 쳐다보면 쳐다본다고 싸우고, 비가 많이 오는 날이면 물웅덩이가 있는데도 돌아가기 싫어서 웅덩이 물을 튀기며 짚고 지나가는 등 삶에 대한 나름의 반항이 계속되었다.

그러나 나에게는 운이 좋게도 거의 매일 붙어 지내면서 항상 나를 챙겨주었고, 사람들과 시비가 생길 때면 항상 해결해 주던 친형과 같은 일 년 선배가 있었다. 그 형은 학교를 졸업하고도 내가 걱정된다고 우리 집 근처 독서실에서 먹고 자고 하면서 공무원 공부를 하였다. 이렇게 일 년 정도의 시간이 지났고, 나도 학교를 졸업할 무렵에 형이 나를 불러 이야기를 하였다. 이제 자기도 직장 때문에 다른 곳으로 가려고 한다며, 앞으로는 마음잡고 부모님 속 썩이지 말고 살았으면 좋겠다는 말이었다. 그 순간 형의 두 눈에서는 눈물이 흐르고 있는 것을 볼 수 있었다. 이런 일은 방황하던 나의 모습을 처음으로 진지하게 생각할 수 있게 만든 순간이었고, 알량한 방황의 문을 닫는 계기도 되었다.

그래서 그때부터 나는 공부를 하기 시작하였고, 대학을 졸업하고 나서야 국가자격증인 전기공사기사 1급 자격증을 따게 되었다. 자격증을 따고 나서는 자연스럽게 아버지께서 근무하시는 회사에 들어가게 되었다. 대학 시절부터 일하였기 때문에 새로 입사한 직원들을 제외하고는 현장직원들은 대부분의 아는 사람들이었다. 대학 시절에는 일용직의 아르바이트 입장이었다면 대학을 졸업해서 자격증을 취득한 상황에서는 현장을 관리하는 책임자의 입장이 된 것이다. 현장직원들의 주요 업무는 전봇대에 올라가 작업을 하는 전기기술자들의 업무와 그들을 보조하는 직원들의 업무로 구분되며, 내가 관리해야 하는 현장 인원은 대략 30명 정도가 되었다. 그러다 보니 가끔은 직원끼리 언쟁을 벌이는 일도 생겼고, 현장책임자였던 나는 직원들의 화합을 위해 매일 술을 마시면서 고충을 들어주는 것이 주된 일이 되었다.

이렇게 하루하루를 보내던 중에 전봇대 위에서 작업을 하는 공사현장에서 직원이 감전되는 사고가 발생하였다. 이 모든 상황은 내가 서 있는 바로 앞에서 일어났다. 동료직원들이 크레인을 이용하여 의식을 잃어버린 채로 몸에는 불이 붙어있는 직원을 전봇대 위에서 밑으로 끌어 내렸다. 나는 직원들이 동요하지 않도록 조치를 취하고, 다친 직원을 병원으로 데리고 가야 했다.

응급실에 도착하니 의사 선생님과 여러 명의 간호사 선생님들이 달려왔고, "감전사고로 왔어요." 라는 말에 필요한 여러 가지 조치가 긴급하게 이루어졌다. 한참의 시간이 지난 뒤에서야 직원의 의식은 조금씩 돌아왔으나, 나를 한쪽으로 부르시는 의사 선생님은 아직 생사를 장담할 수 없다는 말씀을 하는 것이었다. 그리고 산다고 하더라도 시계를 차고 있던 손목 부위는 많이 훼손되어서 절단까지도 할 수도 있다고 말씀을 하셨다.

직장생활에서 이러한 경험이 처음인 나는 눈앞이 캄캄하면서 공포감이 밀려왔다. 그렇지만 누워있는 직원에게는 손목 수술만 잘하면 "괜찮아질 거야"라며 안정을 시켜야 했다. 응급수술이 시작되었고 여러 가지 건강 상태는 지켜봐야만 했다. 며칠이 지난 뒤에 의사 선생님께서 다행히 절단하지 않고 봉합만 했는데도 수술의 결과는 좋다며, 다른 여러 장기의 상태는 지속적으로 경과를 지켜보자면서 기적이라고 말씀하셨다. 그제야 졸이고 있던 마음을 조금이나마 내려놓을 수 있었다.

지금도 그날을 돌이켜보면 엄청난 충격과 함께 마치 내가 죄인이 된 것처럼 불안한 마음을 달래면서 보낸 시간이 생생하게 느껴진다.

그 사건이 발생한 이후에도 나는 회사의 사장도 아니면서 크고 작은 사고들을 해결해야 했었고, 만약에 내가 하지 않으면 예전부터 그랬듯이 아버지께서 하셔야만 한다는 생각이 마음의 큰 짐으로 쌓여만 같다. 특히 아버지의 사촌 형님 회사라는 이유로 거의 25년 정도를 특별한 대가도 없이 가정까지도 포기하며 헌신하셨던 것처럼, 나도 '대를 이어서 충성을 해야만 하는가?' 라는 생각은 감전사고 날에 느꼈던 공포감보다도 비교할 수 없을 정도로 공포로 다가왔다. 내가 일개 직원이면서도 마치 회사 경영자처럼 모든 험한 일들을 해결할 것 같으면, 차라리 내가 직접 회사를 운영해야겠다는 생각도 들기 시작하였다. 그리고 정확히 2년 후쯤에 전기공사업체를 설립하였다.

그 당시를 생각하면 아버지께서 근무했던 회사의 상황을 잘 아는 업체 사람들 대부분은 아버지 덕분에 회사가 지금처럼 커질 수 있었다고 말하는 것을 자주 들을 수 있었다. 나는 이런 이야기를 들을 때마다 자신들의 실속만 챙기는 것 같이 느꼈던 오촌 당숙과 무늬만 사장인 당숙의 아들에 대한 원망과 증오의 씨앗은 더욱 쌓이게 되었다. 이렇게 쌓였던 원망과 증오의 씨앗도 오랜 시간이 지난 뒤에는 공황발작을 일으키게 하는 여러 마중물 중에서 하나가 되었다고 생각한다.

궁극적으로 철저한 이해가 있으면 죽음으로 인한 고통은 당신을 흔들지 못한다. 고통은 있으나 고통이 당신에게 영향을 끼치지는 못한다. 고통은 당신에게 오지 못한다. 이것이 죽음과 고통이 우리에게 주는 아름다운 선물이다. 당신이 죽도록 피하고 싶어 하는 죽음과 고통이 사실은 당신을 변화시키고 당신을 깨어나게 하는 것이다.

바지라메디, 『아프지 않은 마음이 어디 있으랴』 중에서

내 인생의 친구 공황장애

내 안의 불안과 두려움을
어머니의 모습에서 보다

아버지께서 돌아가신 지 올해 8월이면 삼년이 된다. 아버지를 보내시고 슬퍼하신 어머니께 혹시라도 '무슨 일이라도 생기지는 않을까?'라는 생각에서 거의 매일 어머니와 함께하는 시간이 많아졌다. 지금까지 아들로서 기쁨과 행복을 한 번도 선물하지 못한 죄책감에서 그런 것인지 모르겠지만 거의 일 년 동안은 휠체어에 어머니를 태우고 가볼 만한 곳이라면 어디든지 찾아다녔다.

뒤늦게나마 어머니의 손과 발이 되어주신 아버지를 잃은 슬픔을 잠시 잊고, 조금이라도 행복해하시는 어머니를 볼 때면 이제라도 효도를 한번 해 보는 것으로 생각하면서 스스로 위안을 삼기도 하였다. 그러나 이렇게 함께 하는 시간이 많아질수록 어머니의 모습에서는 내가 '공황발작'시 느끼는 불안, 두려움, 강박 등의 감정들이 나타나는 것을 느낄 수 있었다. 이러한 부정적인 감정들은 나의 삶을 크게 변화시켰을 뿐만 아니라, 지금까지도 맞서서 힘겹게 싸워가야 하는 감정들이었다. 그런데 어머니의 모습에서 생생하게 보아야 하는 마음은 답답함을 넘어 숨통을 죄는 것만 같았다.

이런 모습을 볼 때면 그동안 알고 있던 어머니의 인생 스토리가 주마등처럼 스쳐 지나갔다. 결혼하고 나서 쉽지 않았던 시집살이와 가족에게는 무관심하면서 오로지 자신의 형님들과 밖의 일에만 최선을 다하는 남편을 바라보고 살아야 했던 일, 그런 남편이 하던 사업이 실패를 거듭하자 넋이 나가시어 철길 위에서 기차를 세웠던 일들이 생각났다. 그리고 여러 번의 혈압으로 쓰러져 생사를 넘나들었을 때 혹시라도 남겨져야 하는 자식들이 조금이라도 더 오랫동안 먹고 살게 하려고 몇 년 치 먹을 간장과 고추장을 항상 담가놓았던 일, 힘든 사람들을 보면 안타까워하는 마음이 많았던 아버지께서 여러 번 보증까지 서서 어머니가 대신 상환을 해야 했던 일, 알뜰살뜰 모았던 돈을 노름으로 탕진한 큰아버지의 빚을 대신 갚는데 써야 했던 일들이 스쳐 지나갔다.

아들 하나 낳게 해달라고 용하다는 절을 찾아다니며 기도했었다고 하시던 일, 그렇게 태어난 아들을 계속해서 딸만 낳으신 큰아버지에게 양아들로 보내야 했을 뻔한 일, 아들이 성장해서는 공부 잘하고 출세하길 바라는 마음으로 삼천 배도 마다하지 않으셨지만 원대로 되어주지 않았던 일들도 생각났다. 그리고 밖에 나갔다가 들어올 때면 배고플까 봐 항상 대기 중이었던 밥상들, 어렸던 시절에 밖에 나가 놀 때는 나쁜 친구들과 어울릴까 봐 산으로 들로 찾아다니셨던 일들이 생각이 났다. 그리고 아들이 잘하던 사업을 접고 무슨 병인지도 잘 모르면서

내 인생의 친구 공황장애

치료하기 위하여 여기저기 찾아다녀야만 하는 모습을 지켜보아야 했던 일, 이혼하여 세 명의 아들과 스러져가는 월세방에서 살아가는 모습을 보아야 했던 마음 아픈 일들이 순식간에 지나갔다. 그동안에 어머니께서는 또 얼마나 많은 불안과 두려움 그리고 원망이라는 감정들과 함께 지내야 했는지를 느낄 수 있었다.

그래서인지 요즘도 가끔 몸과 마음이 지치고 힘들 때면 공황장애 증상들이 찾아와서 하루를 함께 보낼 때도 있다. 그럴 때는 공황증상으로 힘든 모습들을 감추고 어머니를 대하는 것은 쉬운 일이 아니었다.

최근에는 새벽에 자고 있다가 나도 모르게 왼쪽으로 돌아누우려고 하는데, 갑자기 천정이 빙빙 돌면서 속은 울렁울렁하고 온몸은 힘이 빠지는 증상이 생긴 적이 있었다. 공황발작의 경험을 셀 수 없이 겪었던 나에게는 새로운 증상의 경험이었고, 몸은 자꾸 천정이 도는 방향과 같은 쪽으로 넘어지려고 하면서 불안과 공포가 더욱 심하게 느껴졌다. 간신히 일어나 도둑고양이가 되어 현관문을 조용히 열고 나와 응급실을 향했다. 지진의 여파가 있듯이 그때까지도 어지럽고 흔들거려서 차로 10분 거리를 열 번 정도는 쉬었다가 응급실에 도착하였다.

병원에 도착하여 머리 MRI 및 여러 검사를 진행하면서 링거도 맞았다. 의사 선생님은 검사결과를 보시고는 '이석증' 같다고 하였고, 내일 외래로 신경과에 가서 상담을 해보라고 말씀하셨다. 응급 조치를 하고 다시 집으로 돌아와서 아무 일도 없었다는 듯이 아침을 맞이했다. "잘 주무셨어요?" 라는 나의 인사에 "오늘은 잘 잤다." 라고 말씀을 하신다. '참으로 다행이다.' 라는 안도감을 느꼈다.

지금도 잠깐이라도 밖에 나갈 때면 제일 먼저 들어야 하는 말은 "언제 오느냐?" 이다. 그다음은 "어디가?" 이고, 집에 들어와서는 손을 씻고 오는 사이에 제대로 거동도 못 하는 몸으로 "밥 안 먹었지?" 라는 말씀과 함께 이미 밥상이 차려져 있다. 이러한 어머니의 행동들은 불안과 두려움에서 생긴 것으로 느껴졌고, 그럴 때마다 하늘이 무너지는 것 같다. 아들을 위하는 마음이니 감사해야 하는데 짜증은 왜 나는지 혼란스러웠고, 나의 가슴 속으로 밀려오는 답답함은 자꾸자꾸 쌓여만 갔다. '내가 못난 것일까?' 라고 생각하며 매일 매일 반성해 보지만 결과는 항상 '답답하다'라는 것으로 결말이 맺어진다. 이럴 때마다 여지없이 현실을 자각시키듯 공황장애 증상들은 나를 찾아왔고 또 친한 친구가 되었다.

오늘도 어머니는 엉덩이를 끌고 다니시면서 당신의 아들을 위한 소임을 다한다. 그것을 바라보고 있노라니 가슴이 답답하고 짜증이 난다. 훗날에는 이렇게 내 가슴을 답답하게 했던 어머니를 그리워할 텐데 말이다.

'이석증'으로 병원을 다녀온 어느 날 어머니를 생각하면서 써 내려간 마음속 이야기이다.

제목 : 어머니

배고플까

추울까

더울까

잠은 잘 잘까

아프지는 않을까

항상 노심초사 하시던 어머니

내가 사소한 한숨을 짓는 것조차도

자신의 가슴에 벼락이 친 듯 고통스러워하시던 어머니

아주 작은 몸짓이라도 나를 읽어 내려가시는 어머니

이제는 모든 것이 힘들다 하시면서도

아들의 힘든 것을 대신 해주지 못해

미안하다고 하시는 어머니

이런 어머니가 너무 밉다.

괜히 짜증이 난다.

캄캄한 밤하늘에서도 별빛이 되어

아들에게 별일 없는지를

묵묵히 지켜보고 계실 어머니

그런 어머니를 생각하면

하염없이 눈물이 난다.

마음의 수행이란 긍정적인 생각들을 키우고, 부정적인 생각들을 물리
치는 일이다. 이 과정을 통해 진정한 내면의 변화와 행복이 찾아온다.

달라이 라마·하워드 커틀러, 「달라이 라마의 행복론」 중에서

다시 허물어지는
마음을 보다

　1997년경에는 사업체를 설립하여 운영하기 시작하였다. 이것은 학창시절부터 바라던 꿈이었고, 그것을 이뤘다는 설렘으로 행복해하면서 모든 열정을 쏟아부을 정도로 열심히 하였다. 그렇게 하다 보니 시간이 갈수록 공사 수주도 많아졌고, 일 년에 한 건도 되기 힘들다는 공사 입찰이 일 년에 서너 건 낙찰이 되기도 하였다. 그 당시에는 IMF로 인하여 기존 업체들이 폐업을 하는 등 업계 상황이 많이 안 좋았음에도 불구하고, 내가 운영하는 업체는 날이 갈수록 공사 계약 건수가 늘어만 갔다.

　이렇게 사업도 잘 되다 보니 주변 사람들의 권유와 어릴 적부터 누님들과 여동생만 있어서 항상 형이 있었으면 좋겠다는 생각을 하였기 때문에 그랬는지는 모르겠지만, 나보다 나이가 많은 형님들을 여러 개의 사회활동을 통해서 만나기 시작하게 되었다. 그러다 보니 주변 사람들은 나에게 "정치하려고 그러냐?" 라고 말하면서 왜 그렇게 모임을 많이 하는지를 물어보곤 하였다.

그 당시에는 최고급 승용차를 타고 다닐 정도로 사업이 잘되고, 경제적인 여유가 있었기 때문에, 다양한 사회활동을 왕성하게 할 수 있었다. 주변 사람들과 친구, 후배들에게서 이러한 나의 모습이 부럽다는 말을 듣기도 하였지만, 돌이켜 생각해보면 어릴 적 억눌렸던 분노가 도전적이고 극단적인 모습들로 가끔 돌출되어 나타나기도 했던 시기였다. 염치가 없게 행동하는 사람들에게나 특히 개념 없이 운전한다고 생각하는 사람들에게는 마치 두 얼굴을 가진 것처럼 심하게 폭언을 내뱉거나 과격한 행동으로 나의 분노가 표출하기도 하였다.

내가 타고 다니는 승용차 뒷자리 및 트렁크에는 극단적인 나의 성격을 말해주듯이 항상 깔끔하게 정돈된 몇 벌의 여유분 옷과 종류별로 구비된 신발들이 있었다. 한편 어느 상황에서라도 여차하면 싸움을 하려고 준비하고 있는 사람처럼 야구방망이와 목검들도 함께 있었다. 평소의 착하고 순수한 열정적인 모습과 분노가 생길 때면 나타나는 극단적이고 잔인한 나의 모습이 동전의 양면처럼 항상 붙어 다녔던 것이다. 이렇게 양면적인 모습 속에서 나의 행동과 마음 상태를 진지하게 생각하기보다는 불의를 참지 못하는 정의로운 사람이라고 착각하면서 보내었다.

이러한 도전적이고 잔인한 모습은 '공황발작' 등 여러 가지 증상들로 인하여 고생하다가 월세방으로 옮긴 뒤에도 발견할 수가 있었다.

어느 날 밖에서 일을 보다가 놓고 나갔던 물건을 가져가려고 집에 잠깐 들렀을 때 생긴 일이다. 통화를 하면서 2층으로 올라가 현관문을 열려고 하는데 갑자기 후다닥하는 소리와 함께 누군가가 안방의 방충망과 창문을 열고 밖으로 뛰쳐나가는 것이었다. 얼른 뒤쫓아가 보았지만 어느새 담장을 넘어 여유 있는 모습으로 걸어가는 어리게 생긴 좀도둑의 뒷모습만 보아야 했다.

예전 같았으면 어디까지든 쫓아가 반드시 잡아서 분노를 증명이라도 하듯이 행동했을 것인데, 그렇게 하지 못했다고 생각하는 순간 화가 머리끝까지 솟아올랐다. 좀도둑에 대한 분노보다는 오히려 이렇게 생각대로 하지 못하고, 살아야 하는 내 처지에 대한 스스로의 열등감이 폭발한 것이었다. 이러한 분노를 조금이라도 진정시키려고 하는 마음 한쪽의 노력에도 불구하고, 나도 모르게 차를 몰고 간 곳은 철공소였다. 철공소에 도착한 나는 한 번만 다시 오면 반드시 응징할 것이라는 생각으로 낫과 끝이 삼지창 모양으로 생긴 곡괭이를 구입하여 집에 돌아와 안방 한쪽에 놓았다.

가끔 일어나는 이러한 나의 끔찍한 행동은 조금만 견디면 공황장애를 극복할 수 있다는 마음을 가지고 매일 매일 명상과 운동 그리고 책 읽기 등을 하면서 몸과 마음을 치유해 가던 나를 마음껏 비웃는 것처럼 느껴졌다. 한편에서는 이럴 때마다 조화롭게 행동하지 못하는 나의 모습에 실망하면서 허탈해지는 마음도 더욱 깊어만 간 것이다.

그 사건 이후 삼 년 정도의 시간이 지나서 임대아파트에 선정되어 입주하게 되었다. 그리고 좋은 일들도 하나둘씩 생기게 되었고, 아이들도 심리적으로 조금씩 안정이 되면서 적응을 잘해 나가고 있었다. 어느 날, 막내아들이 "아빠! 이제 이런 물건 버리면 안 돼요?"라고 이야기를 하는 것이었다. 나는 순간 창피해서 쥐구멍이라도 있으면 숨고 싶다는 생각이 들을 정도로 나의 모습을 직면하게 되었다. 그날부터 그런 물건들과는 영원한 이별을 하게 되었다. 이처럼 나를 힘들게 했던 공황장애의 원인인 감정들이 하나씩 그리고 조금씩 치유가 되어가고 있었다. 하지만 나의 몸과 마음을 점검이라도 하듯이 어쩌다 가끔은 다양한 증상이 나타나기도 하였다.

분노와 미움의 파괴적인 영향으로부터 보호받고 피난처를 얻을 수 있는 유일한 길은 타인에 대해 인내심과 관대한 마음을 갖는 것이다.

달라이 라마·하워드 커틀러, 『달라이 라마의 행복론』 중에서

이유가 없는 발작과
이유가 있는 발작

'공황'은 누구에게나 찾아올 수 있으며 갑작스러운 상황에서 발생되는 이유가 없는 발작인 '공황'과 이유가 있는 발작인 '공황'으로 구분할 수 있다. 이유가 없는 발작인 '공황'은 실제로 위험을 느낄 수 있는 어떠한 요인들이 없는 상황에서 갑자기 두려움과 공포감을 느끼는 것이고, 이유가 있는 발작인 '공황'은 실제로 외부에서의 어떠한 위험요인으로 인하여 생기는 것이다.

먼저 이유가 없는 발작인 공황장애에 대한 예를 들어본다. 2013년 6월 10일 오전 11시경에 머리가 빙빙 돌면서 터질 것 같았고, 심장 부위는 답답하였다. 그리고 머리끝에서 앞쪽 이마와 뒷목 부위가 아팠으며 속은 뜨겁고 울렁거렸고, 혀끝도 아프면서 왼쪽 광대뼈에서 입술까지는 멍멍하였다. 이러한 증상이 있을 때면 항상 했던 것처럼 위장약과 안정제를 챙겨 먹었다. 시간이 지나가도 큰 변화는 없었고 갈수록 증상은 심해지면서 마음은 조급해졌다.

며칠 전에도 집 근처에 있는 산에 다녀오다가 갑자기 이러한 증상이 나타나서 C 친구가 운영하는 한의원에 가서 침 치료를 하였는데, 또다시 이런 증상이 나타난 것이었다. 그래서 이날도 산 근처에 있는 C 친구 한의원에 다시 찾아가 치료를 받고 왔더니 조금 호전되었다. 대체로 이러한 '공황'의 증상은 지금까지 내가 경험한 바로는 하루에 한 번 심하게 나타나면, 그날은 다시 나타나지 않아서 오히려 마음이 편안하면서 안도감을 느끼곤 했다.

하지만 이날은 달랐다. 저녁 식사를 하고 오후 7시경이 되었을 때 갑자기 숨이 막힌 듯 답답하면서 혈압은 180/100이었고, 맥박은 일 분에 108회를 뛰고 있었으며 머리는 빙빙 돌면서 왼쪽 부위에 아픈 증상이 있었다. 다급해진 나는 오전에도 갔던 C 친구 한의원으로 정신없이 갔다. 다행히 C 친구가 운영하는 한의원은 평상시에도 오후 8시 30까지 진료를 하였기 때문에 이러한 증상이 저녁 무렵에 나타나면 자주 다녔었다.

한의원에 도착한 나는 친구에게 증상을 설명하였다. C 친구는 나를 진정시키고는 침 치료를 하였고, 몇 군데는 사혈과 부항 치료도 하였다. 한 시간 정도쯤 지났을까? 여러 가지 증상들이 호전되었다. C 친구는 나에게 자신이 진료했던 공황장애 환자의 사례들을 이야기하였고, "극복할 수 있으니 힘을 내라"며 용기와 위로를 해주었다.

다음으로 이유가 있는 발작인 공황의 예를 들어보면, 2015년 7월 막내아들이 고등학교 3학년에 다니고 있었고, 축구 선수로서 운동도 열심히 하고 있었던 때의 일이다. 거의 매주 토요일이면 고등학교 축구 팀들과 주말 리그 대회를 하였는데, 이날에도 다른 팀과 경기가 있었다. 경기는 전반전이 끝나고 후반전이 진행되고 있을 때였다. 상대편 골대 근처에서 공중으로 날아온 볼을 공격수인 막내아들이 헤딩하는 과정에서 상대편 수비선수의 머리와 부딪치는 사고가 발생하였다. 골은 멋지게 들어가서 구경을 하는 막내아들과 같은 팀의 학부모들은 환호를 보내고 있었다. 하지만 부딪혀 쓰러져 있는 양 선수들은 일어나지 않았다. 심판은 경기를 중단시키고 의료진에게 빨리 들어오라며 손짓을 하였다. 한참의 시간이 지났을까? 막내아들과 상대 팀 수비선수가 일어났다. 그런데 조금 걸어가던 막내아들이 갑자기 다시 쓰러지는 것이었다. 모든 순간이 정지되는 것 같은 느낌이었고, 나의 머리와 심장은 터질 것 같았다. 숨은 쉬어지지 않았고, 눈은 흐릿해져서 초점을 잃어버리는 듯하였다.

시간은 흘러갔고 축구장에 누워있던 막내아들이 다시 천천히 일어나는 것이었다. 그리고는 벤치에 계시는 감독님에게 괜찮다는 사인을 보냈고 경기는 다시 재기 되었다. 방금까지만 하더라도 숨이 막혀 죽을 것 같은 공포감이 나의 온몸을 감싸고 있었다. 그런데 막내아들이 일어나서 다시 경기하는 것을 보고는 갑자기 모든 것이 사라지는 이상한 느낌을 경험하게 되었다.

이때의 증상을 생각해보면 마치 공황발작이 일어날 때의 상태와 매우 흡사했다. 단지 차이가 있었다면 지금의 공황상태에 빠진 것은 실제 위급한 상황에서의 머리와 가슴의 자연스러운 반응이었고, 긴박한 상황이 해결되니 숨이 막히고 머리가 터질 듯한 느낌도 순식간에 사라진다는 것을 알 수 있었다. 이렇게 시간이 지나갈수록 '공황'에 대한 원인과 증상 그리고 대처 방법들을 하나씩 알아가게 되었다.

"아버지, 아버지가 없었다면 저는 할 수 없었어요."
"아들아, 네가 없었다면 나는 하지 않았다."

윗글은 뇌성마비 아들을 휠체어에 태우고, 아버지는 그 뒤에서 휠체어를 밀며 보스턴 마라톤대회 풀코스와 하와이 철인3종 경기를 강인한 정신력과 긍정적인 마음가짐으로 완주하면서 나눈 이야기이다.

딕 호이트·던 예거, 『나는 아버지입니다』 중에서

내 얼굴에 스치는
'공황장애'의 그늘

2013년 새로운 보금자리인 임대아파트로 이사를 하고 난 뒤부터는 몇 년 전보다는 훨씬 생활환경들이 많이 나아졌고, 아이들도 조금씩 안정을 찾아가고 있다고 생각을 하고 있을 때의 일이다.

지금까지 다녔던 미용실은 새로 이사 온 집과 너무 멀어져서 집 앞에 있는 미용실로 옮겨 다니게 되었고, 대략 7~8개월 동안 미용실을 다니면서도 머리를 어떻게 깎아달라고 말하는 것 이외에는 한마디 말도 없이 다녔었다. 그러던 어느 날 원장님께서는 조심스럽게 나에게 뭐 하시는 분이냐며 물어보는 것이었다. 나는 "왜 물어보시냐?" 라며 되물었고, "그냥 궁금했어요. 혹시 조폭이세요?" 라고 물어오는 것이었다. 나는 너무 당황스러워 "그렇게 보이세요?" 라고 말하며 그 이유를 물었다. 그랬더니 내가 미용실에 처음 방문했을 때의 느낌을 말씀하시는 것이었다. 머리는 스포츠머리에 인상은 날카로웠고, 몸 전체는 무서운 기운이 감싸고 있는 것처럼 느껴져서 머리를 깎지 말고 그냥 갔으면 좋겠다고 마음속으로 기도했었다는 것이다. 원장님의 그 말은 너무나 충격적이었다.

이러한 일은 가끔 밥을 챙겨 먹는 것조차도 힘들 때 집 근처 국밥집에 가서 아침 식사를 하곤 했는데, 거기에서도 비슷한 경험을 하게 되었다. 여러 번을 다녀서 간단하게 인사를 할 정도가 될 무렵에 국밥집 사장님은 나에게 혹시 조폭이 아니냐고 말씀하시는 것이었다. 그래서 나는 "아니다"라고 대답을 하였더니, 이번에는 "그럼 형사이세요?"라고 물었다. 예전에 미용실 원장님께 했던 것처럼 "왜 그렇게 보이세요?"라고 똑같이 물었더니 사장님께서 하시는 말씀이 눈빛이 너무 강하고 무서워서 그런 생각이 들었다고 말씀하시는 것이었다.

이렇게 비슷한 시기에 두 번씩이나 이러한 이야기를 듣다 보니, 학생 시절 착하게 생겼다는 말을 들었던 나를 도대체 '무엇이 이렇게 변하도록 만들었는가?' 라는 생각을 하게 되었다. 지금까지 많은 것을 내려놓고 좋은 생각과 좋은 마음으로 살아왔다고 생각했었는데, 지금의 이러한 상황은 너무나 허탈했다. 마치 시험공부를 열심히 한다고 했는데 결과는 매우 나쁜 성적이 나온 것처럼 혼란스러운 생각이 들게 되었다.

이곳 임대아파트로 이사를 온 뒤로 이제는 '조금씩 좋아지는구나!'라고 머릿속으로는 생각하면서도 마음 한편으로는 짜증과 원망들을 쌓았으며, 온갖 세상의 풍파를 혼자서 다 짊어진 사람의 모습으로 점점 변화되면서 살아왔던 것 같았다.

자신의 권리를 끝까지 주장하고 그 결과 일어나는 모든 일을 자신의 행위가 낳은 결과로서 인정해야 할 책임이 있다. 그러려면 용기가 필요하다. 자신을 미워하는 사람의 등장도 받아들여야만 하고, 위험을 끌어안을 용기도 필요하다.

기시미 이치로, 『아들러 심리학을 읽는 밤』 중에서

'공황장애'는 나에게
왜 찾아오는 걸까?

처음에 공황장애를 경험하고 몇 년 동안은 단순하게도 사업을 정리하고 쉬면서 하고 싶은 것만 하면 공황장애가 해결되는 것처럼 생각했다. 혹시라도 공황장애 증상이 갑자기 찾아오기라도 할 때면 '오늘은 재수가 없네.' 라며 공황장애 증상에 대한 원망과 짜증만이 유일한 방법인 줄 알았다.

그리고 공황장애 증상이 '오늘은 언제쯤 올까? 아니면 오늘은 그냥 지나갈까?' 라는 불안한 생각을 하면서 나의 모습은 점점 소극적으로 변해가고 있었다. 젊은 나이에는 왕성한 사업과 많은 사회활동을 할 정도로 추진력이 있었고, 사람들과의 친밀감은 주변 사람들이 부러워할 정도였는데 지금처럼 변한 소심한 나의 모습에 자멸감도 들기 시작하였다.

이러한 나의 모습을 발견하고는 본격적으로 공황장애를 극복하려는 행동을 구체적으로 실천하기로 계획을 세웠다. 가장 먼저 한 일은 과감하게 허세를 부리며 살던 집을 정리하고 월세방으로 이사부터 가는 것이었다. 그리고 공황장애와 관련된 책들도 많이 읽기 시작하였고, '공황'을 극복한 사람들의 경험담과 지혜를 배워서 나에게 가장 적합한 극복 방법이 무엇인지 찾아보려는 노력도 하였다.

이러한 생각으로 거의 하루를 보내고 있던 어느 날에 나에게 '공황이 왜 생긴 것일까?' 라는 궁금증이 생겼고, 그 원인에 대하여 구체적으로 파악해야겠다는 생각을 하게 되었다. 그동안 관찰해 온 나에게서 일어나는 공황장애의 원인을 나름대로 정리하면, 첫째는 신기하게도 어머니의 불안해하고 두려워하는 모습 속에서 지금 내가 겪고 있는 공황장애의 증상과 너무나 비슷한 것들을 발견할 수 있었다. 이 모습들은 타고날 때부터 어머니에게 물려받은 것인지 아니면 살면서 학습에 의한 것인지는 모르겠지만, 이런 모습을 느낄 때마다 '이조차도 닮아야 하는가?' 라는 생각이 들 때도 있었다.

둘째는 가끔 신경을 써야 하는 문제로 스트레스가 생기게 되면 어떤 방법으로라도 해결하려고 지나치게 집중을 하였고, 그러다 보니 깊은 잠을 못 자는 일이 생기게 되었다. 이런 일을 경험한 다음 날에는 거의 공황의 증상들이 평상시보다 많이 생기는 것 같았다. 그리고 기분이 좋았다가 갑자기 다운이 되는 등의 감정의 변화가 몸을 공황의 상태로 변화시키게 된다는 것을 알았다.

셋째는 신체적인 피로 누적이 쌓이거나 커피와 같은 카페인을 먹을 때면 혈압과 맥박이 수치상으로 거의 10 정도는 더 올라갈 정도로 다른 사람들보다는 예민하게 몸과 마음에서 반응이 일어난다는 것을 알게 되었다. 특히 여러 가지 이유로 몸과 마음이 지치고 힘들 때면 아무리 의지를 내려고 하더라도 '공황'의 증상들은 반복적으로 찾아왔다. 그래서 몸과 마음을 더욱 소극적이면서 부정적인 마음으로 만들어간다는 것을 알게 되었다.

작은 것 하나라도 올바르게 행한다면 당신은 위대한 사람이 된다.

지그 지글러, 『시도하지 않으면 아무것도 할 수 없다.』 중에서

내 인생의 친구 공황장애

죽음의 공포가
삶에 대한 방황으로 이어지다

2004년 '공황장애'와 처음 만날 때만 하더라도 일반 사람들에게는 공황장애는 생소한 용어였고, 신경정신과를 다닌다는 것은 정신적으로 큰 문제가 있거나 미쳐버린 사람이라고 생각할 정도로 사회적인 인식이 좋지 않았다. 그러다 보니 2004년 처음 증상을 경험할 때에도 그랬고, 2005년 심각한 공황발작으로 대학병원 응급실을 자주 찾을 때도 특별한 정보도 없이 '어서 빨리 스트레스는 물러가라'고 외치는 것이 유일한 해결 방법인 줄 알았다. 그래서 스트레스 상황이 되는 일들과는 거리두기를 시작하였다. 이러한 일환에서 잘해오던 사업체와 사회활동도 주위의 사람들과 직원들의 간절한 요청에도 불구하고 서둘러 정리하게 된 것이다. 그래도 한 사업체의 대표인데 아프다는 이유로 내가 해야 하는 일들을 다른 사람에게 대표를 위임해서 이어가는 것은 무책임하다고 판단한 이유가 그중 가장 컸다.

이러한 내 행동들은 나중에 짐작하게 된 것이지만 '내가 일을 하지 않으면 회사는 어려워지겠지?' 그리고 '내가 무리해서 지금 쉬지 않으면 어머니처럼 쓰러져서 혹시 죽을 수도 있겠지?' 라는 두려움과 불안감 그리고 미리 책임을 회피하거나 책임질 일은 하지 않으려는 마음의 행동 반응이었다는 것을 파악하게 되었다. 한편으로는 공황발작 증상이 나타날 때마다 가족이 아닌 전혀 모르는 사람이거나 가장 싫어하는 사람을 대하는 것처럼 무관심과 비웃듯 행동했던 애들 엄마에게서 느낀 섭섭함도 크게 작용했던 것 같다. 그러다 보니 '내가 이렇게까지 아프면서 무엇을 위해서 힘들게 일을 해야 하는가?' 라는 회의감도 이러한 반응의 주된 원인이라는 사실을 아는 것은 어렵지 않았다. 참으로 어설픈 나의 행동을 지금 생각해보면 창피하고 아이들에게 한없이 미안한 생각이 든다.

죽음은 언제든 일어날 수 있다고 자각하고 용기 있게 현실을 마주하라. 죽음을 바라보라.

바지라메디, 『아프지 않은 마음이 어디 있으랴.』 중에서

제3장

체질로 본
'공황장애'의
7가지 원인과
극복 방법

'체질'과 '공황'의 관계는
무엇인가?

　'공황장애'를 겪는 과정에서 건강에 대한 많은 관심이 생기게 되었고, 이런 관심은 배움에 대한 열정으로 이어졌다. 그래서 예전부터 해오던 명상을 몸과 마음의 치유적인 관점과 연결시켜 연구해보기 위해 대학원을 입학하였고, 이렇게 공부하는 과정에서 이제마의 『동의수세보원』이라는 책을 접하게 되었다. 이 책은 질병의 원인을 사람들의 좋아함·미워함 그리고 기쁨·분노·슬픔·즐거움 등의 감정들이 지나치게 한쪽으로 치우쳐서 마음의 병이 생긴다는 것으로 설명하고 있었다. 특히 사람들의 기질과 특성은 체질에 따라 어느 한쪽으로 치우쳐서 타고나는데 살아가는 과정에서 자신들의 부족한 점과 지나친 점들을 끊임없이 노력하여 장점은 잘 유지하고 단점은 극복하여 조화로운 사람이 되어야 한다고 전하고 있다. 이 내용은 마치 내가 그동안의 삶 속에서 몸과 마음의 부조화로 인해서 '공황장애'를 겪어야만 했던 이유에 대한 답을 담고 있는 것처럼 느껴졌다.

그래서 나는 그 답을 구하고자 박사과정에 입학하게 되었다. 사상철학과 체질의학 방면의 연구를 하면서 궁극적으로는 나와 같이 '공황장애'로 아파하는 사람들은 도대체 체질별로 어떠한 성격과 기질의 차이가 있는지, 또 '공황장애' 증상을 나타나게 하는 원인이 체질별 심리유형에 따라 어떻게 발현되며 극복 방법은 무엇인지에 대한 궁금증도 해결하고 싶었다. 이러한 궁금증에 대한 답을 구하는 과정은 나를 더욱 성장시키는 계기가 되었고, 그 결과로 사람들의 체질마다 어떠한 심리유형의 특성이 있는지를 연구하여 박사학위까지 취득하는 성과를 얻기도 하였다. 제3장에서는 지금까지 연구해온 사상체질 심리유형 연구를 바탕으로 '공황장애' 발생의 유기적 관계에 대해 살펴본다.

체질별 심리유형의
특징

『동의수세보원』 「확충론」과 「사상인변증론」을 근거로 한 체질별 심리유형을 나름대로 7가지 특성으로 정리해 보았다. 용어에 대한 해석은 선행 연구들의 주석을 참조하여 정리한 것이다.

하나, 태음인은 교심(驕心, 경험이 없는 것과 잘 모르는 것들을 마치 경험을 했거나 잘 아는 것처럼 하는 교만한 마음)을 경계해야 하며, 만약에 교심이 없으면 세상에서 가장 뛰어난 주책(籌策, 그때그때의 상황에 맞추어서 이익과 손해를 잘 헤아리려는 마음)이 생기고, 소음인은 긍심(矜心, 상대의 마음을 헤아리기보다는 자신의 생각만이 옳다고 자만하는 마음)을 경계해야 하며, 만약에 긍심이 없으면 세상에서 가장 뛰어난 경륜(經綸, 상대의 마음을 헤아리면서도 자신이 생각하는 역량과 포부를 펼칠 수 있는 마음)이 생기고, 태양인은 벌심(伐心, 상대를 정벌하려는 마음)을 경계해야 하며, 만약에 벌심이 없으면 세상에서 가장 뛰어난 행검(行檢, 품행이 점잖고 몸가짐을 바르게 하려는 마음)이 생기고, 소양인은 과심(夸心, 객관적이고 합리적인 생각보다는 지나치게 형식만을 중요하게 생각하는 마음)을 경계해야 하며, 만약에 과심이 없으면 세상에서 가장 뛰어난 도량(度量, 자신의 감정을 사적인 이익만을 위해서 사용하기보다는 객관적이고 합리적인 차원에서 사용하려는 마음)이 생긴다고 설명하고 있다.

이것은 태음인이 자신들이 경험하고 잘하는 일들을 가장 적절하게 잘 활용한다면 그때그때의 상황에 맞추어서 이익과 손해를 잘 헤아리는 지혜가 생기고, 소음인이 어떤 일을 할 때 상대방을 배려하면서 조화롭게 한다면 자신이 생각한 역량과 포부를 펼칠 수 있는 경륜이 생기고, 태양인이 자신의 뜻을 펼치기 위해서 몸가짐을 바르게 한다면 솔선수범을 하려는 마음이 생기고, 소양인이 어느 상황에서든지 합리적으로 판단한다면 사람들에게 자신의 감정을 사사로운 이익을 얻는 차원에서 사용하기보다는 공적인 의미의 차원에서 사용되는 도량이 생긴다는 것으로 이해된다.

둘, 소음인은 탈심(奪心, 객관적이고 합리적이지 못하고 자기주장만이 옳은 것처럼 하려는 마음)을 경계해야 하고, 만약에 탈심이 없으면 식견(識見, 지식과 견문으로 사물을 잘 분별하려는 마음)이 반드시 생기고, 태음인은 치심(侈心, 상대방에게 무시당하지 않게 하려고 자신의 겉모습만을 치장하여 과시하려는 마음)을 경계해야 하고, 만약에 치심이 없으면 위의(威儀, 믿음직함과 위엄이 있게 행동하려는 마음)가 반드시 생기고, 소양인은 나심(懶心, 스스로를 포기하고 나태해지려는 마음)을 경계해야 하고, 만약에 나심이 없으면 재간(材幹, 사람들의 화합과 단결을 하도록 하려는 마음)이 반드시 생기고, 태양인은 절심(竊心, 상대방의 마음을 훔치고 속여서라도 자신만의 이익을 챙기려는 마음)을 경계해야 하고,

만약에 절심이 없으면 방략(方略, 방법과 계략을 가지고 일을 잘 추진하려는 마음)이 반드시 생긴다고 설명하고 있다.

이것은 소음인이 단점을 극복하려고 노력한다면 지식과 견문으로 사물을 잘 분별할 수 있는 식견이 생기고, 태음인이 단점을 극복하려고 노력한다면 타인도 인정하는 믿음직함과 위엄이 있는 행동이 생기고, 소양인이 단점을 극복하려고 노력한다면 사람들의 화합과 단결을 잘 시킬 수 있는 재능인 재간이 생기고, 태양인이 단점을 극복하려고 노력한다면 일을 잘 추진해나가려는 방법과 계략이 생긴다는 것으로 이해된다.

셋, 태양인은 항상 앞으로 나아가려고만 하고 물러서려고 하지 않고, 소양인은 항상 새로운 일을 만들려고만 하고 내려놓으려고 하지 않고, 태음인은 항상 고요하려고만 하고 움직이려고 하지 않고, 소음인은 항상 거처하려고만 하고 나가려고 하지 않는 것으로 설명하고 있다.

이것은 태양인이 어떤 상황에서도 자기의 주장을 내세워서 일을 추진력 있게 밀고 나가는 것은 잘하지만 물러서려고 하지 않고, 소양인이 일을 만드는 것은 잘하지만 내려놓으려는 것은 하지 않고, 태음인이 고요하려고 하는 것은 잘하지만 움직이려는 것은 하지 않고, 소음인이 어느 한 부분에 몰입하거나 머무르는 것은 잘하지만 앞으로 나아가려는 것은 하지 않는 특징으로 이해된다.

넷, 태양인은 항상 수컷이 되고자 하고 암컷이 되고자 하지 않고, 소음인은 항상 암컷이 되고자 하고 수컷이 되고자 하지 않고, 소양인은

내 인생의 친구 공황장애

항상 밖으로 이기고자 하고 안으로 지키고자 하지 않고, 태음인은 항상 안으로 지키고자 하고 밖으로 이기고자 하지 않는 것으로 설명된다.

이것은 태양인이 항상 남성스럽고 강인함만을 추구하려고 하고 여성스럽고 부드러운 것은 추구하지 않고, 소음인이 항상 여성스럽고 부드러움만을 추구하려고 하고 남성스럽고 강인함을 추구하지 않고, 소양인이 항상 밖에서 이기려고만 하고 안으로 지키려는 것은 추구하지 않고, 태음인이 항상 안을 지키려고만 하고 밖으로 이기려고 하지 않는 특징으로 이해할 수 있다.

다섯, 태양인은 천시(天時, 자연의 이치를 판단하는 직관적 능력)에 넓게 통하지만 인륜에는 넓게 통하지 못하고, 태음인은 인륜(人倫, 인간의 도리를 잘 파악하는 능력)에 넓게 통하지만 천시에는 넓게 통하지 못하고, 소양인은 세회(世會, 세상의 흐름을 잘 파악하는 능력)에 넓게 통하지만 지방에는 넓게 통하지 못하고, 소음인은 지방(地方, 합리적이고 논리적인 사고 능력)에 넓게 통하지만 세회에는 넓게 통하지 못하는 것으로 설명하고 있다.

이것은 태양인이 배우지 않아도 자연의 이치를 판단하는 직관적 능력은 탁월하지만, 인간의 도리에 대해서는 부족하고, 태음인이 인간의 도리에 대해서는 잘 알지만, 직관적 능력은 부족하고 소양인이 매 순간의 변화되는 세상의 흐름은 잘 알지만, 논리적이고 합리적인 사고 능력은 부족하고 소음인이 논리적이고 합리적인 사고 능력이 뛰어나지만, 순간의 변화되는 세상의 흐름은 부족한 특징이 있는 것으로 이해된다.

여섯, 태양인은 교우(交遇, 새로운 사람들과 친분과 관계를 잘 맺으려는 마음)를 용감하게 잘 통솔하지만 당여는 아름답게 세우지 못하고, 소음인은 당여(黨與, 마음이 통하는 사람들과 더욱 친밀한 관계를 맺으려는 마음)를 아름답게 잘 세우지만 교우를 통솔하지 못하고, 소양인은 사무(事務, 옳고 그름을 잘 구분하려는 마음)에 민첩하게 잘 통솔하지만 거처를 안정되게 못하고, 태음인은 거처(居處, 낯선 일보다는 익숙한 일을 하려는 마음)를 안정적으로 잘하지만 사무를 민첩하게 잘하지 못하는 것으로 설명하고 있다.

이것은 태양인이 새로운 사람들과도 폭넓게 친분을 맺으려는 특징이, 소음인이 뜻이나 마음이 통한다고 생각하는 사람들과 관계를 더욱 친밀하게 하려는 특징이, 소양인이 공정과 불공정에 대한 옳고 그름을 잘 구분하려는 특징이, 태음인이 새로운 일이나 낯선 일보다는 주로 익숙한 일을 하려고 하는 특징이 있는 것으로 이해된다.

일곱, 태양인의 성질은 소통을 잘하고 교우를 잘 맺으며, 소양인의 성질은 강직하고 굳센 장점이 있으며 사무를 잘하고, 태음인의 성질은 성취를 잘하는 장점이 있으며 거처를 잘하고, 소음인의 성질은 단정하고 중후한 장점이 있으며 당여를 잘하는 것으로 설명하고 있다.

이것은 태양인이 새로운 사람들과 소통을 잘하고, 소음인이 단정하고 침착하여 사람들과 아주 친밀한 관계를 잘 맺고, 소양인이 강하고 민첩하여 자신에게 주어진 어떤 소임도 잘하며, 태음인이 계속적으로 해왔던 일에 대한 결과를 잘 성취하려는 특징으로 이해된다.

『동의수세보원』 관점에서 본 '공황'의 원인과 극복 방법

앞에서 살펴보았듯이 태양인은 급박한 마음이, 소음인은 불안정한 마음이, 소양인은 두려워하는 마음이, 태음인은 겁내는 마음이 항상 근본적으로 가질 수 있다고 한다. 바로 이러한 마음들은 '공황장애'를 겪고 있는 사람들이 긴박한 상황에서 예민하게 반응되어지는 불안과 공포의 감정들과 서로 연관된다. 따라서 『동의수세보원』에 나타난 사상체질별 심리유형의 관점에서 본 '공황'의 원인과 극복 방법을 7가지로 설명해 본다.

하나, 태양인이 지나치게 조급한 마음이 생겨서 힘으로 억압하려 행동하고, 소음인이 지나친 불안감 때문에 자신의 주장만이 옳은 것처럼 행동하고, 소양인이 지나친 두려움 때문에 과시하려는 행동을 하고, 태음인이 지나치게 겁내는 마음 때문에 교만하게 행동하게 된다면 마음의 불균형이 더욱 심해져서 '공황'을 유발시키는 요인들이 될 수 있다고 본다.

따라서 태양인이 상대방을 힘으로만 억압하려는 생각보다는 스스로 솔선수범을 하려는 조화로운 마음을 갖도록 노력한다면, 소음인이 어떤 일을 하는 데 있어 자신의 주장만이 옳은 것처럼 행동하기보다는 상대방을 먼저 배려하고 관계를 조화롭게 만들기 위해서 노력한다면, 소양인이 지나치게 과시하려는 행동보다는 합리적이고 객관적으로 자신의 감정을 상대방에서 표현될 수 있도록 노력한다면, 태음인이 교만한 마음으로 행동하기보다는 그 상황을 잘 헤아려 가장 적절한 행동을 하려고 노력한다면 사람들이 마음의 불균형으로 인해서 발생할 수 있는 '공황'을 극복하는 방법 중의 하나가 될 것이다.

둘, 태양인이 지나친 조급함 때문에 상대들을 속이거나 마음을 훔치려는 마음이 생기면, 소음인이 지나친 불안 때문에 다른 사람의 이익을 빼앗으려는 마음이 생기면, 소양인이 지나친 두려움 때문에 스스로를 포기하고 나태해지려는 마음이 생기면, 태음인이 지나치게 겁내는 마음 때문에 과시하고 치장하려는 마음이 생기게 된다면 마음의 불균형으로 인해서 '공황'을 유발시키는 원인들이 될 수 있다.

따라서 태양인이 어떠한 상황에서도 상대방을 속이려는 마음이 생기지 않도록 노력한다면 일을 잘 추진해나가려는 방법과 계략이 생기며, 소음인은 합리적이거나 논리적이지 못하거나 다른 사람의 이익을 빼앗으려는 마음이 생기지 않도록 노력한다면 지식과 견문으로 사물을 잘 분별하는 힘이 생긴다. 소양인은 스스로를 포기하고 나태해지려는 마음이 생기지 않도록 노력한다면 사람들의 화합과 단결을 시킬 수 있는 재능인 재간이 생기며, 태음인은 성실한 노력 없이 겉으로만 자신을 과시하고 치장하려는 마음이 생기지 않도록 노력한다면 타인도 인정하는 믿음직함과 위엄이 있는 행동의 모습이 생기게 된다. 이처럼 사람들이 마음의 불균형으로 인해서 발생할 수 있는 일들을 해결하는 것 자체가 '공황'의 원인들을 극복하는 방법이 될 수 있다.

셋, 태양인이 지나친 조급함 때문에 일을 추진하는데 있어서 앞으로만 나아가려고 한다면, 소음인이 지나친 불안감 때문에 자신이 하는 일에만 집중과 몰입을 한다면, 소양인이 지나친 두려움 때문에 새로운 일들만을 행하려고 한다면, 태음인이 지나치게 겁내는 마음 때문에 자신이 해오던 방식대로만 행동한다면 몸과 마음이 조화롭지 못하게 되어서 균형이 깨지게 된다. 그러다 보면 불안과 두려움이 생길 수 있으며, 이는 '공황'을 일으키는 요인이 된다고 본다.

따라서 태양인이 일을 추진하는 데 있어서 상황에 따라 나아가고 물러서는 것을 조화롭게 한다면, 소음인이 어떤 일을 하는 데 있어 지나치게 왜곡된 집중과 몰입이 아닌 조화로움으로 잘 해결될 수 있도록 한다면, 소양인이 새로운 일들도 중요하지만 이미 했던 일들을 끝까지 잘 마무리 될 수 있도록 노력한다면, 태음인이 기존에 했던 방식대로만을 고집하기보다는 새로운 일에도 자신감을 가지고 잘할 수 있도록 노력한다면 불안과 두려움이라는 '공황'의 원인들을 잘 극복할 수 있는 해결 방법을 찾을 수 있다고 본다.

넷, 태양인이 지나친 조급함 때문에 남성스럽고 강인함만을 추구한다면, 소음인이 지나친 불안감 때문에 여성스럽고 부드러움만 추구한다면, 소양인은 지나친 두려움 때문에 밖에서 이기려고만 한다면, 태음인은 지나친 겁내는 마음 때문에 안을 지키려고만 한다면 마음의 갈등이 심화되어 '공황'에서 느낄 수 있는 불안감이나 공포감이 생기게 된다고 본다.

따라서 태양인이 남성스런 강인함을 추구하면서도 상황에 따라서는 여성의 장점인 부드러움을 조화롭게 잘 접목시켜서 생활한다면, 소음인은 여성스럽고 부드러움을 추구하면서도 남성의 장점인 강인함을 조화롭게 접목시켜 생활한다면, 소양인은 항상 경쟁에서 이기려는 생각만을 하지 말고 안을 살펴서 내실이 있도록 만들려고 한다면, 태음인은 안을 지키면서도 밖을 잘 살펴서 조화로움을 잊지 않으려고 한다면 불안감과 공포감에서 생길 수 있는 '공황'의 다양한 문제들을 자신의 유형에 맞는 극복 방법으로 해결할 수 있다고 본다.

다섯, 태양인이 지나치게 조급한 마음이 생겨서 자신의 직관적 능력만을 과시한다면, 소음인이 지나친 불안감 때문에 자신의 논리와 사고만을 주장한다면, 소양인이 지나친 두려움 때문에 현실의 변화에 따라 이익이 되는 일만을 추구한다면, 태음인이 지나친 겁내는 마음 때문에 현명한 판단을 하지 못하고 인간의 도리만을 추구한다면 마음의 갈등으로 힘들어져서 '공황'의 요인이 된다고 본다.

따라서 태양인은 자신의 직관적 능력만을 과신하지 말고 인간의 도리에 대한 부분도 조화롭게 잘하려고 노력을 한다면, 소음인은 자신의 주장만을 고집하지 말고 논리적이고 합리적인 생각을 추구하면서도 세상의 흐름을 잘 이해하려 노력한다면, 소양인은 지나치게 현실의 변화만을 추구하려고 하지 말고 자신의 생각을 객관적이고 합리적으로 세우는 노력을 한다면, 태음인은 지나친 인간의 도리만을 추구하려고 하지 말고 상황에 맞는 올바르고 현명한 판단을 할 수 있도록 노력을 한다면 사람들과의 갈등 속에서 발생되는 '공황'의 원인들을 줄일 수 있을 것이다.

여섯, 태양인이 지나친 조급함 때문에 사람들과 소통을 하는 데 있어서 의도적인 목적을 가지고 한다면, 소음인이 불안감 때문에 사람들과 관계를 지나치게 친밀한 관계로 만들려고만 한다면, 소양인이 지나친 두려움 때문에 합리적이거나 논리적이지 못하면서 옳고 그름만을 따진다면, 태음인이 지나치게 겁내는 마음 때문에 익숙한 일만을 하려고 하게 된다면 심리적으로 불균형을 초래하게 되어 '공황'증상의 원인이 될 수 있다.

따라서 태양인은 새로운 사람들과 소통을 잘하면서도 친밀한 관계에 있던 사람들이 소외감을 가지지 않도록 관계를 잘 유지한다면, 소음인이 기존에 친밀한 사람들과 관계를 더욱 친밀하게 만들려고만 하지 말고 새로운 사람들에게도 소통이 될 수 있도록 한다면, 소양인은 옳고 그름만을 따지려고 하지 말고 꾸준히 해오던 반복되는 일들도 조화롭게 하려고 한다면, 태음인은 오랫동안 해오던 익숙한 일만을 하려고 하지 말고 때로는 어떤 것이 옳고 그른 것인지를 잘 헤아리려고 한다면 심리적 불균형으로 발생 될 수 있는 '공황'의 원인을 극복하는 방법이 될 것이다.

일곱, 태양인이 지나친 조급함 때문에 처음 만난 사람과의 소통을 위해 의도적으로 관계를 형성하려고 한다면, 소음인이 지나친 불안감 때문에 사람들과의 관계에서 단아하고 아름답게만 보이려고 한다면, 소양인이 지나친 두려움 때문에 오히려 강하고 민첩하게 자신의 소임만을 잘하려고 한다면, 태음인이 지나치게 겁내는 마음 때문에 결과적인 성취만을 얻으려고 한다면 심리적 강박으로 몸과 마음의 균형이 깨지면서 '공황'의 원인이 될 수 있다고 본다.

따라서 태양인이 처음 만난 사람과도 잘 소통해야 하지만 오래된 관계의 사람들에게도 아름다운 관계가 유지되도록 노력을 한다면, 소음인이 기존 사람들과 관계를 정중하고 바르게만 하려고 생각하지 말고 처음 만난 사람들과도 소통하는 데 있어서 소홀하지 않도록 노력한다면, 소양인이 일을 처리할 때 지나치게 강하고 민첩하게만 하려고 하지 말고 안정적인 방법으로 성취를 하려고 한다면, 태음인이 어떤 일을 할 때 지나치게 결과를 성취하려고만 하지 말고 상황에 따라서는 민첩하게 하면서도 과정을 중요하게 생각하려고 한다면 마음의 조화로움이 생겨서 '공황'을 극복하는 방법이 생겨날 수 있다.

이상에서 이제마가 『동의수세보원』을 통해서 사람들에게 전하고자 한 핵심은 이 한 문장에 함축되어 있다고 나는 생각한다.

"(전략) 我自爲心而未免愚也 我之免愚在我也. (후략) 我自爲身而未免不肖也 我之免不肖在我也." (내가 마음대로만 한다면 어리석음을 면하지 못한다. 내가

내 인생의 친구 공황장애

어리석음을 면하는 것은 나에게 달려 있다. 내가 몸이 하라는 대로만 한다면 못남을 면하지 못한다. 내가 못남을 면하는 것은 나에게 달려 있다.)

즉, 사람들의 마음과 행동은 항상 자신들이 하고 싶은 것만 하고 하기 싫은 것은 하지 않으려고 하는데, 세상을 살아가면서 부족한 부분은 채우고 지나친 부분은 잘 조절하여 넘치지 않도록 노력해야 한다. 부족하거나 치우친 부분들을 극복하면 현명한 사람이 되고 극복하지 못하면 어리석고 불초한 사람이 된다는 것으로, 그러기 위해서는 나 자신을 잘 아는 것부터 시작해야 할 것이다. 한마디로 '이 모든 것은 나에게 달려 있다'라는 의미를 여실히 일깨워 준다.

제4장

'공황장애',
나만의 극복 방법을
찾아라!

결코 죽지 않는다는
확신을 가져라!

2005년 자주 발생 되는 공황발작으로 하던 사업을 정리하고, 가장 먼저 시작한 것은 대학교 평생교육원에서 상담심리 공부를 하는 것이었다. 그 이유는 인간의 심리에 대해서 조금이나마 이해하고 싶은 생각이 있었기 때문이었다. 더 정확히 말하면 나 자신의 심리에 대한 궁금증으로 시작한 것이다. 그러면서 내가 틈틈이 하기 시작한 일들은 지금까지의 삶과는 전혀 다른 방향으로, 여러 기관에서 건강과 역사의식에 대한 강의 등을 하는 것이었다.

어느 날, 건설기술자들을 교육시키는 기관에서 공사 현장 관련 기술자들을 대상으로 강의를 해주면 좋겠다는 부탁을 받았다. 나도 기술자이면서 관련된 사업체를 운영해 왔던 사람으로서 그 경험을 토대로 강의하면 나름대로 가치가 있을 것만 같아서 허락하고 약속된 날짜에

내 인생의 친구 공황장애

강의 장소에 갔다.

　3시간의 강의는 시작되었고, 1시간 30분을 하고 10분 정도 쉬었다가, 나머지 시간을 다시 강의하는 것으로 협의하였다. 시작한 지 1시간 정도나 지났을까? 공황발작이 자기 혼자 남겨두고 왔냐며 여기까지 찾아온 것 같았다. 가슴은 터질 것 같았고 머리는 한쪽이 마비된 듯 아무런 작동이 되지 않았으며, 천정은 빙빙 돌면서 온몸에는 힘이 하나도 없는 것처럼 느껴졌다. 마치 감정과 이성의 싸움이 시작된 것 같이 '절대로 물러서면 안 된다. 나는 절대 쓰러지지 않는다'를 마음속으로 반복하여 외치면서 입으로는 강의를 하고 있는 내 모습을 느낄 수 있었다. 순간순간 이성의 판단에 무게가 좀 더 실리기라도 할 때면 '내가 지금 무엇을 하고 있는가? 나는 지금 살아있는가'를 확인할 수 있었다. 마침내 쉬는 시간이 되었고, 숨을 몰아쉬고 있는 심장은 나에게 어서 빨리 병원으로 가야 한다는 신호를 보내고 싶었는지 더욱 거세어졌다. 그때 눈에 들어온 것은 약국 간판이었다. 약국으로 가서 "약사님! 죄송한데요. 혈압을 한번 재어 볼 수 있을까요?" 라고 부탁했다. 약사님은 친절하게 혈압을 재어 주셨고, 기록된 숫자를 보고는 놀라시면서 "얼른 병원으로 가보세요." 라는 말씀을 하셨다. 혈압은 190/108이었다. '아! 어떻게 해야 하는가?' 하늘을 쳐다보면서 외치는 모습이 지금도 생생하다. 하지만 나는 직진을 선택했다. 강의실로 다시 올라와서 일단은 가방 속에 있는 비상약인 신경안정제를 찾아서 강의 교탁 아래로 몸을 숨기며 교육생들 모르게 입안에다 약을 넣었다. 그런 다음 마음속으로 '하늘이시여! 저를 버리지 말아 주세요.' 라는 기도하는 수밖에 없었다. 덕분에 하늘이 날 버리지 않았는지 강의는 겨우 마무리를 할 수 있었다. 강의가 끝났다고 사무실에 말을 하고 얼른 차 안으로 와서는 일단 몸을 기대었다. 한참의 시간이 지나서야 언제 무슨 일이 있었냐며 심장은 세상에서 가장 편안하고 잔잔한 호수처럼 여전히 살아 숨을 쉬고 있었다. 나도 모르게 눈물이 났다. '살아있는 것에 대한 감사의 눈물일까? 고통스러운 시간을 보낸 아쉬움에 대한 눈물일까?' 라고 생각하며, 이날도 이렇게 하루를 보냈다.

이러한 생활은 계속되었고 가끔 찾아오는 공황발작은 마치 내가 제대로 살고는 있는지 테스트를 하는 것 같은 기분이 들었다. 때론 약을 먹어보기도 하고 때로는 정면 돌파하여 이겨내 보기도 하였지만, 왠지 모르게 몸과 마음은 오히려 처음보다 조금씩 더 지치고 힘들어지는 느낌이 들었다.

'공황'을 첫 경험하고 4년 정도 지날 무렵 어느 날, 나는 일어나고 싶어도 몸과 마음이 온통 정지되어 버린 것처럼 움직일 수 없는 일이 생겼다. 내가 할 수 있는 최고의 방법은 그냥 고통을 잊기 위해 잠을 자는 것이었다. 잠을 자고 있는데 꿈속에서 검은 갓을 쓴 두 명의 남자가 나를 데려가려고 와서는 아직 때가 아닌데 하면서 그냥 가는 것이었다. 깜짝 놀라서 깨어나 한참을 멍하니 있었다. 놀랍고 무서웠다. '방금 무슨 일이 일어난 것일까?' 라는 두려움 속에서도 왠지 모를 희망의 불씨가 살아나는 것 같은 온기를 동시에 느낄 수 있었다. 특히 아직 '나는 죽지 않는다'라는 큰 울림이 내 안에서 생기는 것이었다. 자리를 박차고 일어나서 '나는 다시 시작한다'고 혼잣말로 외쳐보기도 하였다. 이 때부터 공황장애를 극복하는 실질적 본 게임이 시작되는 순간이었다. 그리고 앞으로 공황장애는 또 다른 인생을 설계하며 살아가는 전환점이 되어줄 것이라는 확신마저 들었다.

2005년에 사업체를 정리하였다면 2009년은 특별한 직업 없이 몇 년을 백수로 생활하면서도 사람들의 이목 때문에 지속하고 있던 여러 개의 봉사단체 활동을 정리하였다. 그리고 허세 때문에 아무것도 없으면서도 평수가 큰 아파트에 살던 생활방식부터 고치는 작업을 시작했다. 가장 먼저 한 일은 평상시에 해 오던 습관대로 조급하게 마음이 변하기라도 할까 봐 입주할 때 금액보다도 거의 5,000~6,000만 원의 손해를 보면서까지 아파트를 처분하는 일이었다. 그리고 보증금 1,000만 원에 월세 20만 원인 옥상이 있는 집의 이층으로 이사를 하게 되었다.

학교에서 수업을 마치고 주소만을 가지고 찾아온 세 명의 아들은 당황하는 표정이 역력했다. 더구나 큰아들은 주인집 아들과 친구였다. 나중에 안 이야기지만 아이들은 도저히 여기서는 살 수 없을 것 같아서 가출하려고도 생각을 했었다는 것이었다. 풍족하게만 살았던 아이들에게 적응하기 힘든 상황이었음을 생각하면 지금도 한없이 미안하다. 이곳에서의 생활은 한겨울이면 추워서 아이들 세 명과 함께 꼭 붙어 자야만 했고, 여름이면 초저녁부터 여러 번 옥상에 물을 뿌려야만 잠을 잘 정도였다. 하지만 이곳에서 생활은 새로운 변화에 도전을 시작하는 실질적인 계기도 되었다.

"나는 서서히 다가오는 죽음을 기다리기보다는, 행동하면서 죽음의 위험과 마주하는 쪽으로 선택했다."

아론 랠스톤, 『127시간』 중에서

혼자 감당해야 된다고
생각하지 말라!

2015년 12월 말까지도 '공황장애'의 증상이 생기면 병원을 셀 수 없을 정도로 다녔지만 입원하여 장기간 치료를 받은 적은 없었다. 어느 때는 증상이 조금 호전되었다가도 또 어느 때는 심해졌다가를 반복하고 있었다. 이날도 일주일 이상을 계속해서 왼쪽 가슴이 답답하면서 머리, 목, 어깨와 겨드랑이까지 통증이 있었고, 가끔은 어지럽기도 하였다. 그래서 대학교 한방병원을 찾아가서 상담을 받게 되었고, 입원하여 공황장애와 목, 어깨를 병행 치료해 보기로 결정하였다.

입원하여 치료를 받아오던 2016년 1월 초, 저녁 식사를 마치고 평상시처럼 누워서 책을 보고 있는데, 갑자기 숨을 쉴 수가 없어지면서 심장은 터질 것 같은 고통이 시작되었다. 저녁에 근무하시는 당직 한의사 선생님에게 말씀드렸더니 과립으로 된 한약을 처방해 주셨다. 약을 먹어도 증상은 완화되지는 않고 더욱 심해지면서 불안감은 더욱 커졌다. 다시 한의사 선생님을 찾아가서 "선생님 죽을 것 같아요." 라며 증상이 완화되는 어떠한 조치라도 해주길 기대했는데 조금만 기다려 보라는 이야기만 반복하였다.

지금까지 이러한 증상들의 경험을 많이 했는데도, 이때의 고통과 두려움을 견디기가 힘들어서 당직 한의사에게 종합병원 응급실에 다녀와야겠다고 말을 하였다. 한의사 선생님의 "구급차를 불러 드릴까요?" 라는 말에도 금방이라도 죽을 것만 같은 두려움과 불안에 구급차를 기다릴만한 마음의 여유조차도 없어 병원을 뛰쳐나와 차가 있는 곳으로 달려갔다. 정신이 혼미해지고 온몸이 떨리는데도 평소처럼 나를 살릴 수 있는 사람은 '나 뿐이다'는 생각에 직접 운전을 하고 다른 대학교 종합병원 응급실을 향해 갔다. 빨간색 신호등이 켜질 때면 더더욱 심장은 멈춰지는 것 같았고, 머리는 빙빙 도는 것 같은 느낌이 들었다. 도저히 운전할 수 없을 정도의 현기증과 몸 떨림 때문에 병원을 가기도 전에 도로에서 죽을 것 같다는 생각이 들어서 차를 도로 옆에 세워놓고 택시를 타고 응급실에 갔다.

도착하자마자 심장이 터질 것 같다는 나의 말에 의사 선생님과 간호사 선생님 등 3~4명이 나를 둘러싸고 여러 가지 조치를 하였다. 일단은 병원에 왔다는 안도감을 느끼면서 항상 힘들 때 떠오르는 엄마 같은 큰 누나에게 전화를 걸었다. 잠시 후 정신없이 달려온 큰 누나와 함께 심장 초음파실로 향했고, 검사를 마친 의사 선생님은 "심장은 괜찮아요." 라는 말씀을 하셨다. 그 말을 듣는 순간에 '아! 죽지는 않는구나!' 라는 안도의 한숨과 함께 피곤이 몰려왔다.

다시 응급실로 옮겨졌는데 어떻게 알고 왔는지 큰아들이 있었다. "나에게 먼저 연락하지 그랬어?" 라는 말에 마치 어린아이라도 된 듯 눈물이 핑 돌았다. 아프기 시작한 지 십여 년의 시간 동안 오늘 같은 증상이 찾아올 때면 항상 혼자서 병원을 찾아다녀야 했고, 응급실에서 보내는 시간 동안은 외로움과도 싸워야 했었다. 하지만 오늘은 아프지만 행복하다는 생각을 하면서 잠이 들었다. 한참을 자고 일어나니 새벽이 되었고, 나는 다시 입원하고 있던 대학교 한방병원으로 돌아갈 수 있었다.

다음날 병원에 누워있던 나는 어제의 상황에서 내가 했던 행동들을 다시 생각해 보았다. 저녁을 먹고 나서 죽을 것 같은 공포감을 느꼈고, 이 사실을 한의사 선생님에게 말씀드렸다. 그런 다음에는 한의사 선생님께서 응급차를 불러준다고 했었는데도 불구하고 내가 직접 운전을 하고 병원으로 갔으며, 가다가 죽을 것 같다는 생각에 갓길에 차를 세웠다. 그리고는 택시를 타고 병원에 갔었고, 병원에서 의사 선생님과 간호사 선생님들에게 나의 증상을 설명하였으며, 큰누나에게도 전화해서 병원으로 와주었으면 좋겠다고 말한 것이었다. 여기까지 복기를 해 보던 순간 머리를 망치로 한 대 맞는 것처럼 정신이 번쩍 들었다. 죽을 것 같다고 생각하는 상황에서도 자제력을 잃지 않고 있었고, 오히려 평소보다 침착하게 상황에 따른 대처를 했던 것이었다. 그리고 더 놀란 것은 정말 죽을 것만 같았었는데 오늘 보니 내가 죽지 않고 살고 있다는 것이었다. 이것은 실제의 위급한 상황이어서 발생된 것이 아니라 아무런 이유가 없는데도 긴급한 상황처럼 몸에서 인식하여 나타나는 증상이었던 것이었다. 이러한 죽을 것 같은 상황에서도 의식을 잃지 않고 차근차근 대처하는 것은 '공황장애'를 겪는 사람들에게서 나타날 수 있는 행동 현상이라는 것을 체험한 것이다.

비로소 전문가들이 '공황장애 증상으로는 결코 죽지 않는다'고 말하는 뜻도 명확하게 이해했을 뿐 아니라 내가 공황장애 환자임을 다시한번 깨닫게 된 것이었다. 그리고 무엇보다도 그날 이후 병원에 입원하고 있는 동안에 '공황장애'를 극복하는 가장 큰 힘은 가족이라는 사실도 알게 되었다. 나에게 그런 가족이 있다는 것은 얼마나 행복하고고마운 것인지 새삼스레 느끼게 된 계기였다.

우리는 자신의 문제를 스스로 해결하지 않으면 안 되지만 유감스럽게도 우리의 능력에는 한계가 있어서 자신의 안고 있는 문제를 모두 혼자서 해결할 수는 없다. 실제로 자신의 과제이고 자신의 힘만으로 어떻게든 해결하겠다고 고집부리는 게 오히려 일을 더 어렵게 만들기도한다.

기시미 이치로, 『아들러 심리학을 읽는 밤』 중에서

구체적인 계획을
세워라!

고등학교 시절에는 현실의 삶을 회피하고 싶은 생각이었는지, 아니면 정말로 수행자의 삶을 동경하여 그분들의 모습을 닮고 싶어서 그랬는지는 정확하게 구분할 수는 없지만, 불현듯 '스님이 되자'라는 강력한 메시지가 뇌리에 스쳤던 적이 있었다. 그래서 얼마 동안을 고민하다가 출가를 결심하고 어머니에게 말씀드린 적이 있었다. 그랬더니 평생을 절에 다니시며 부처님의 가르침을 세상에서 제일로 생각하시던 어머니께서는 나의 예상과는 전혀 다르게 "출가하려거든 차라리 나를 죽이고 가라"는 말씀만을 계속하셨다. 이 모습은 마치 세상을 놔 버리고 싶어 하는 사람의 모습과 전혀 다를 것이 없었다. 이런 모습을 보고 있으려고 하니 예전에도 그랬던 것처럼 어머니께서 또다시 '쓰러져 병원에 실려 가지는 않을까?' 라는 두려움이 조금씩 밀려왔다. 그래서 출가하고 싶다는 뜻을 이룰 수 없는 좌절감보다는 어머니께서 쓰러질지 모른다는 두려움 때문에 반항조차 할 수가 없었다. 나의 자존감은 수렁 속에 빠진 친구를 다시 만난 것처럼 상실감만 생기게 되었다. 그래서 하늘을 쳐다보는 것으로 위안 삼으며 뜻을 접어야 했었다.

2009년은 절박한 마음으로 사치와 허세를 부리면서 살았던 것들을 정리하고 싶은 생각에 월세 집으로 이사를 하면서, 집 근처에 아주 작은 공간을 마련하였다. 곳곳을 손수 수리하여 찻집처럼 꾸미고 이름을 '서낭'이라고 붙였다. 그 공간은 내가 평소에도 사람들과 마음의 소통을 중요하게 생각하며 이야기하기를 좋아했었기 때문에 지인들이 찾아오면 직접 담근 쑥차, 매실차 등을 대접하면서 세상 사는 이야기와 고민들을 이야기하는 장소로 만들어갔다. 그러면서 고등학교 시절부터 시작되었던 '도대체 나는 누구인가? 그리고 어떻게 살아가야만 하는가?' 라는 의문의 답을 찾고자 하는 생각이 강하게 들었다. 그래서 출가한 스님처럼 스스로 수행시간표를 만들었고, 지켜야 하는 행동규칙을 구체적으로 정리하여 실천을 시작하게 되었다. 당시의 나의 일기장에 숨겨두었던 수행시간표와 생활규칙을 소개한다.

수행시간표
-오전 4시 ~ 5시 : 기상
-오전 5시 ~ 6시 : 명상 및 108배 절하기
-오전 6시 ~ 7시 : 운동(체조)
-오전 7시 ~ 8시 30분 : 식사 및 집안 정리정돈 하기

-오전 8시 30분 ~ 9시 : 서낭 도착

-오전 9시 ~ 12시 : 공부(명리 공부 및 책 읽기)

-12시 ~ 12시 30분 : 명상 및 108배 절하기

-12시 30분 ~ 오후 2시 : 점심식사

-오후 2시 ~ 오후 6시 : (명리 공부 및 책 읽기)

-오후 6시 ~ 오후 6시 30분 : 명상 및 108배 절하기

-오후 6시 30분 ~ 오후 7시 : 저녁식사

-오후 7시 ~ 오후 8시 : 저녁 운동 및 기타

-오후 8시 ~ 오후 11시 : (명리 공부 및 책 읽기)

-오후 11시 ~ 오후 11시 30분 : 명상 및 생활일기 쓰기

-오후 11시 30분 ~ : 취침

생활규칙

-매일 명상일기 쓰기

-하루 생활일기 쓰기

-매일 운동하기

-긍정적으로 생각하기

-쉽게 흥분하지 않기

-식사는 꼭 챙겨 먹고, 음식을 천천히 먹기

-산만하게 행동하지 않기

-가슴이 뛰는 일 하루에 하나씩 하기

공황장애를 처음 만난 2004년부터 2009년 2월 초까지는 증상이 나타나면 '왜 그럴까?' 라는 스스로의 물음에 '스트레스가 많아서 그래, 좀 쉬면 좋아지겠지'라는 답으로 위안을 삼았다. 그리고 증상이 나타나면 응급실 및 일반 병원, 한의원 등을 다니면서 임시조치를 하였고, MRI 및 CT검사, 피검사, 일반검사 등을 하고 나서 머리와 심장에 큰 이상이 없다는 의사 선생님의 말씀에 안도의 한숨을 쉬곤 했다. 그리고 몸을 편안하게 만들고 운동을 꾸준히 하면서 정신적 스트레스만 덜 받으면 되는 것으로만 생각하고, 모든 생활의 초점을 거기에 맞추며 생활한 것이다.

그런데 2009년이 되어서야 모든 것을 원점으로 돌려 새롭게 다시 시작해야 한다는 결심을 하게 되었다. 그리고 '공황'을 극복하려는 구체적인 계획들을 세웠고 이러한 계획은 거의 2년 동안 꾸준히 실천하였다. 이번에도 물러서면 정말로 죽을 것 같다는 생각으로 견딜 수 있었다. 그래도 공황발작 증상들은 가끔 나타나서 나의 정신 상태와 건강 상태를 테스트하듯이 찾아와 확인하고 갔다.

나는 아침, 점심, 저녁을 108배와 명상을 하며 매일 책 읽기와 운동 및 공부하기 등 몇 가지 계획을 잘 실천하며 수행하는 사람처럼 생활하였다. 그러다 보니 여러모로 도움을 주는 후원자가 생겼다. 특히 매월 십만 원씩 후원할 테니 책을 사서 보라는 사람들이 서너 명이나 되었다. 이렇게 하여 거의 3년 정도를 매달 삼사십만 원 금액의 책을 구입하여 읽을 수 있게 되었다.

한편 이곳 '서낭'은 사회복지사 자격 취득과 명리학 공부를 시작하는 공간이 되기도 하였고, 대학 시절에 취득한 스포츠마사지와 카이로프랙틱를 활용하여 몸과 마음이 아프다고 하시는 분들의 고민도 같이 해결하는 공간이 되기도 하였다. 때로는 내가 겪었던 공황장애의 여러 가지 경험과 극복 방법 등을 문의하고자 찾아오시는 분들과 만남의 공간이 되기도 하였다.

이러한 구체적인 방법으로 실천하여 극복하려는 생활을 지속하면서 나에게 가장 큰 변화가 생겼다. 그것은 분노와 불안 그리고 두려움에 사로잡혀서 진정으로 내 가슴에서 원하는 것을 잊고 희망도 잃어버리고 살았던 내가 새로운 희망의 불씨를 틔우며 나를 찾는 다양한 노력을 하게 되었다는 것이다.

내 안의 심지에 불을 붙여라.

차드 멩 탄, 『너의 내면을 검색하라』 중에서

분노와 원망을
사랑으로 돌려라!

2018년 8월 7일 아침에 어머니의 다급한 전화 한 통을 받았다. 아버지께서 몸이 계속해서 떨리시면서 누워계신다는 것이다. 평상시에는 몸이 아프셔도 "나는 괜찮다"라며 거의 병원을 가지 않으시고 본인의 생활 습관으로 극복하려고 하신 분이다. 그리고 학창시절에 도시락을 가지고 다닐 형편이 안 되어서 점심을 거의 거르다 보니 소화가 가끔 안 된다는 이야기를 들었을 뿐 특별히 아프신 곳은 없었던 분이시다.

황급히 부모님 댁으로 달려갔다. 아버지께서는 갓난아기가 두려움과 불안에 떨고 있는 모습으로 안방에 옆으로 웅크리고 누워계셨다. 몸은 여전히 많이 떨고 계시었다. "아버지! 몸이 가만히 있어도 떨려요?"라고 여쭈니 "나도 모르게 계속해서 떨린다." 라고 하신다. 옷을 챙겨서 걸을 힘조차 없는 아버지를 부축하여 겨우겨우 응급실에 도착했다.

이 병원은 어머니께서 평생을 고혈압으로 여러 번 쓰러져서 생긴 여러 가지 합병증과 기타 질환으로 입원과 퇴원을 반복하셨던 곳이다. 특히 가끔 어머니께서 응급조치를 받아야 하는 상황과 나에게 공황발작이 생겨서 나타나는 여러 증상이 있을 때면 응급실을 찾아 도움을 받아야 했는데, 그 인연으로 "또 오셨네요." 라며 인사를 나누는 정도의 관계가 된 의사 선생님과 간호사 선생님이 계시는 곳이기도 하다. 이날에도 기억이 생생하다. 간호사 선생님께 "아버지께서 아프신가 봐요?"라고 말하는 나의 목소리에서 떨리는 숨결의 소리를 느꼈는지 간호사 선생님은 "아버님은 괜찮으실 거예요. 걱정하지 말아요." 라며 나를 진정시켰다.

의사 선생님의 지시에 따라서 엑스레이, 피검사, 기타 몇 가지의 검사 등이 진행되었다. 조금의 시간이 지난 뒤에 의사 선생님께서는 특별한 것은 없는데 약간의 염증 수치가 있어서 미열이 생겼고, 그로 인해 떨리는 증상이 나타난 것으로 생각된다는 말씀을 하셨다. 하지만 연세도 있고 하시니 입원하여 내일 내과 과장님과 상의해서 정밀검사를 받아 보라는 조언을 해 주셨다.

다음 날 우리 가족과 형제들의 건강에 관한 상담이나 다른 과의 진료를 받을 상황이 되면 항상 상의를 해주셨던 내과 D 과장님을 만날수 있었다. D 과장님은 "3~4일 정도 입원하시면 괜찮으실 거예요. 너무 걱정하지 마세요." 라고 아버지와 저에게 말씀하셨다. 이때까지만 해도 일반 감기라고 생각될 정도로 증상은 미미했었다. 하지만 하루이틀이 지나면서 목에서 약간 검은 회색의 가래가 나오기 시작하였다. 이때부터 항생제 치료를 병행하면서 상황을 지켜봐야 했다. 하루하루 지나면서 더 힘든 기색이 역력한데도 아버지께서는 "나는 괜찮다"를 계속 반복하셨다.

아버지께서 병원에 입원하시고 이틀 정도 지날 때쯤 큰 아들이 "아빠는 할아버지에게 사랑한다는 말을 지금까지 한 번이라도 안 했지?" 라고 말하는 것이었다. 이 말을 듣고 지금까지 한 번이라도 아버지에게 사랑을 표현했던 기억을 애써 찾으려 했지만, 어디에서도 찾을 수 없었고, 오로지 미워하고 분노하고 원망했던 기억만이 가득하다는 사실을 알게 되었다. 이날은 아들 덕분에 정말로 어색했지만, 용기를 내어 세상에 태어나서 처음이자 마지막으로 아버지 손을 잡고 "아빠, 사랑해요." 라고 말을 할 수 있었다. 말 한마디뿐이었지만 그제야 내 안의 분노심이 삭아 드는 듯했다.

병원에 입원하신 지 3~4일 정도 되었을까? 내과 D 과장님께서는 학회 세미나 관계로 3일 정도는 병원에 없을 것이라며, 혹시 모르니 대학병원에 입원하는 것이 좋을 것 같다고 하셨다. 대학병원에는 연락해서 현재까지의 상황과 증상들을 잘 설명해 주시겠다는 말씀도 하셨다. 이 모든 것은 본인이 세미나에 가면 호흡기를 전담하는 다른 의사 선생님이 없으므로 우리를 배려해서 하신 말씀이었다.

이렇게 아버지는 대학병원으로 옮겨졌다. 그런데 입원하신 지 이틀쯤 되었을 때 갑자기 호흡곤란 증상이 생기면서 중환자실로 가야만 했다. 중환자실로 가시는 아버지께서는 미리 예견이나 하신 것처럼 "나, 다시 일반 병원으로 올 수 있지?" 라며 본인께서 다시 한번 의지를 내시는 것이었다. 그 모습을 보고 있으려니 눈물이 나기도 하였다.

중환실로 가신 아버지의 상황이 더 긴박해졌는지 만 하루가 되기도 전에 담당 의사 선생님께서 나를 찾으신다. 호흡 수치가 자꾸 떨어지므로 목을 뚫어서 인위적으로 호흡할 수 있는 관을 삽입하여야 한다는 것이다. 어떻게 할지 답을 달라는 것이었다. 그런데 어떡해야 하는지 아무런 생각이 나지 않았고, 공황발작이 있을 때처럼 가슴은 답답하고 맥박은 성난 파도처럼 강렬했으며, 머리는 멍하니 정지된 느낌이 들었다. 의사인 친구들도 있었고 사촌 동생이 지금의 상황을 해결해야 하는 이 병원에서 의대 교수로 있었는데도 가장 먼저 생각이 나는 사람은 자주 다녔던 병원 응급실의 간호사 선생님이었다. 전화기에서 들리는 떨리는 나의 목소리를 알았을까? 차근차근 이야기를 듣고 나서는 "너무 걱정하지 마세요." 라며 나를 안정시키고는 자세하게 정리된 관련 정보들을 캡처하여 보내주었다.

이렇게 몇 시간이 흘렀을까? 중환자실 담당 의사 선생님께서 빨리 오라는 말씀과 함께 가족들은 대기하라고 하셨다. 의사 선생님 앞에 서 있는 나는 조금 전에 심정지가 발생해서 심폐소생술을 하였다며, 다시 이러한 상황이 되면 생명을 연장하는 치료를 할 것인지에 대한 확답을 해야 한다는 이야기를 다시 들어야 했다. 나도 모르게 '어떻게 해야 하는가?' 라는 답을 구하는 마음으로 하늘을 보듯 응급실 천장을 응시하려는 순간, 아무런 의식도 없이 여러 개의 링거와 연결된 호스들 그리고 많은 기계 장치들과 한 몸이 되어서 호흡만 하고 계시는 아버지의 모습을 보게 되었다. 갑자기 불안하고 공포감이 밀려왔다. 이러한 느낌은 특별한 상황이 없이 공황발작이 일어났을 때 느꼈던 느껌과 비슷하였다. 하지만 지금은 닥칠지도 모르는 매우 두려운 상황을 어떻게 할 것인지를 누님들과 상의하고 있는 실제상황이라는 것만 달랐다. 이내 진정하고 지금 상황에서 가장 신뢰할 수밖에 없는, 아니 신뢰해야만 하는 앞에 계시는 의사 선생님에게 되물었다. "선생님 어떻게 해야 하나요. 선생님이라면 어떻게 하실 건가요?" 오히려 나는 의사 선생님에게 선택을 강요하고 있었다. 하지만 의사 선생님은 아마도 심폐소생술을 하였기 때문에 흉부에 있는 뼈들이 많이 상했을 것이라며, "지금 상황으로는…"라며 말끝을 흐리면서 나의 선택을 기다리는 눈빛이었다.

아버지의 아들로 태어나 어린 시절에 아버지에 대한 원망과 분노로 방황했던 시간들, 43 키로그램의 체중밖에 나가지 않으신 아버지를 보면서 안쓰러워서 오히려 더욱 짜증을 부렸던 시간들, 그리고 지금의 아버지 모습들이 순식간에 나의 가슴을 관통하였다. 마침내 사랑하는 나의 아버지의 아들인 내가 직접 '다시 위급상황이 발생하면 생명을 연장하지 않겠다'는 죽음의 동의서에 서명하고 있었다. 가족들은 아버지의 마지막 모습을 보아야 했고, 얼마 지나지 않아 아버지와 연결된 기계에서 '삐'하는 소리와 함께 아버지의 모든 것은 멈춰야 했다.

일기장을 정리하다가 당시의 아버지를 생각하면서 써 내려간 마음속 이야기를 발견하게 되었다. 이제라도 아버지에게 그 일기를 띄워 보내고 싶다.

제목 : 아버지

어릴 적 내가 느꼈던
나의 아버지는
자신보다는 당신의 형님을,
가족보다는 주변 사람들을,
자상함보다는 엄격함을,
따뜻함보다는 냉정함을,
실속보다는 희생을,
욕심보다는 배려를,
선택하며 살아오신 분이다.

나의 아버지는
많은 시간 속에서
서운함,
미움,
분노라는
감정을 많이 느끼게 하였고
그들과 친구가 될 수 있도록 만들어 주셨던 분이다.

그런 나의 아버지는 이제
몇 발짝도 걸어가기 힘들어하며 주저앉는

돌을 갓 넘긴 아이가 된 느낌이 든다.

난생 처음 손등을 어루만져 보니
예전에 느껴보지 못한 따뜻함이
얼어붙은 나의 심장을 녹이는 듯하다.
손등 위에 그려진 세월의 흔적과
어딘가를 한없이 바라보는
아버지의 두 눈빛 속에서...
알 수 없는 기운이
나의 온몸을 흔든다.

마음이 복잡하다.
그저 울고 싶다.

천진난만한 어린아이가 되어버린
나의 아버지가 오늘도 보고 싶다.
어제도 보았는데 말이다.

-못난 아들 올림-

궁극적으로 철저한 이해가 있으면 죽음으로 인한 고통은 당신을 흔들지 못한다. 고통은 있으나 고통이 당신에게 영향을 끼치지는 못한다.

고통은 당신에게 오지 못한다. 이것이 죽음과 고통이 우리에게 주는 아름다운 선물이다. 당신이 죽도록 피하고 싶어 하는 죽음과 고통이 사실은 당신을 변화시키고 당신을 깨어나게 하는 것이다.

바지라메디, 『아프지 않은 마음이 어디 있으랴』 중에서

잊고 있던 자신의
장점을 찾아라!

　2009년 모든 것을 새롭게 시작하려는 각오로 월세 집으로 이사를 하였고, 집 근처에는 내가 스스로 '서낭'이라고 이름까지 지은 마음의 쉼터를 마련하여 매일매일 명상과 운동을 하면서 나머지 시간은 대부분 책 읽기 등을 하면서 보냈었다. 특히 서낭은 예전 대학 시절에 세상의 고민을 혼자 짊어진 사람처럼 괴로워하며 나의 이야기를 들어 줄 사람을 찾지 못하고, 매일 밤 눈물로 스스로를 위로하며 보내야 했을 때 '나는 어른이 된다면 힘든 사람들을 외면하지 않겠다'고 다짐한 것을 실천하는 장소가 되기도 하였다. 이러한 마음으로 생활을 시작한 지 일 년 정도의 시간이 지나갈 때쯤부터는 지인의 소개로 왔다는 사람들도 한두 명씩 생기게 되었다.

　어느 날이었다. 대학에서 교육심리학을 강의하시는 교수님께서 지인의 소개로 오셨다. 특별한 이야기를 많이 나눈 것도 아닌데 오래된 친구처럼 느껴졌다. 이후 가끔 오셔서 여러 이야기를 나누는 기회를 가질 수 있게 되었다.

학창시절부터 나의 성격에 대한 많은 고민을 해왔던 터라 성격 심리에 대한 궁금증이 생겼고, 그러다 보니 문화센터에서 진행하던 교수님의 성격 심리 강의를 신청하여 듣게 되었다. 그 이후에는 강의를 함께 들었던 교수님의 지인인 다른 대학교수님, 병원 원장님, 그리고 공무원으로 퇴직하신 분들과 함께 모임을 만들어 일주일에 한 번씩 성격 심리에 관한 공부를 지속하였다. 그리하여 마침내 성격 심리를 검사해 줄 수 있는 강사 자격까지 취득하게 되었다.

공부를 시작한 지 거의 2년 정도쯤 되었을 때 교수님께서 나에 대한 성격 심리 분석과 지금까지 함께 공부하면서 느꼈던 여러 가지 내용들을 종합해서 말씀을 해주셨다.

"바르게 살려고 노력하고, 당당하고, 공감 능력이 많고, 책임감이 높고, 성실하고, 항상 배우려는 자세가 있고, 자신을 사랑할 줄 알고, 정의감이 있고, 긍정적이고, 솔직하고, 직관력과 통찰력이 있고, 창의적이고, 열정이 있고, 집중을 잘하고, 독서를 많이 한다."

라는 내용이었다. 나는 교수님 말씀을 듣는 순간 당황했다. 교수님께서 '나의 성격을 잘못 알고 계시는 것은 아닐까?' 라는 의문이 생기기도 하였다.

왜냐면 어릴 적엔 분노, 불안, 두려움과 온갖 부정적인 감정들이 많앉고, 그래서 공황장애를 겪게 되었다고 생각하였기 때문이었다. 어찌 되었든 교수님의 말씀은 처음으로 공황발작을 경험한 이후 지금까지 공황을 극복하려고 나름대로 노력하면서 살아온 것에 대한 보상을 받는 것 같은 느낌이 들기도 하였다. 이것은 마치 학창시절에 선생님에게 공부를 잘했다고 상장을 받는 느낌이었고, 지금까지 잊고 살았던 나의 좋은 습관들이 많다는 것을 새롭게 알게 되는 순간이었다. 드디어 공황장애가 묻혀있던 나의 장점들을 바라보게 하는 안목을 하나씩 선물하고 있다고 느끼게 되었다.

그날 이후 나에게는 알 수 없는 용기가 생겼고, 새로운 희망을 찾아가는 사람처럼 행동하는 전환점이 되었다. 그래서 사회복지사를 취득하는 것과 몇 년 전부터 해오던 명리학 공부를 더욱 체계적으로 하려는 계획을 세웠다. 그 결과 사회복지사 자격을 취득하게 되었고, 동양철학과 명리학을 원격으로 공부하는 대학에 편입하여 졸업까지 하게 되었다. 지금 생각해보면 나는 많이 아프고 힘들었던 시기에 항상 나에게 있어 '공황'의 원인이라고 생각되었던 여러 가지 심리적 문제들을 끊임없이 찾아보려고 노력했던 것 같다. 그리고 이런 노력 덕분에 가끔 흔들리는 상황에서도 견딜 수 있는 굳건한 힘을 되찾고 있는 것이라 본다.

중요한 것은 어떤 일이 발생했느냐가 아니라 어떻게 극복하느냐이다.

지그 지글러, 「시도하지 않으면 아무것도 할 수 없다.」 중에서

감동적인 체험을
만들어라!

2014년 2월은 참으로 많은 일이 있었다. 그중에 막내아들이 동계훈련 때 경골 부상으로 10일 동안 입원하여 치료를 받게 되었고, 본격적인 운동 복귀까지 한 달이 넘는 기간을 개인 운동 및 체력훈련으로 보내야 했다. 축구를 시작하기 전에도 초등학교 때부터 양궁, 야구, 수영, 검도 등 많은 운동을 했는데, 이렇게 많은 시간을 쉬어 본 적이 없었다.

어느 날 나는 아들에게 한 달이라는 쉬는 시간 동안에 무엇을 느꼈는지 물었다. 아들이 대답하기를 첫 번째는 지금까지의 지나온 시간을 되돌아볼 수 있었고, 두 번째는 기다림을 배웠다고 말했다. 나도 모르게 울컥하는 마음에 아들의 품속으로 달려들었다. 나는 혼잣말로 '기다림을 말하다니'라며 대견함에 행복해했다. 한참의 시간이 지났을까? 아들의 가슴에서 뛰는 심장의 소리가 이렇게 포근하고 따뜻하는 것을 처음으로 느끼게 되었다. 이곳에 영원히 잠들고 싶다는 생각마저 들었다.

드디어 퇴원하였고 며칠이 지났다. 운동하다 보면 다칠 수 있다는 생각 때문에 없는 살림을 쪼개어서 보험을 들어 놓은 게 있었는데 그 보험에서 30만 원이 나왔다. '이 돈을 어떻게 하면 가장 의미 있게 쓸 수 있을까? 라는 생각에 큰아들과 둘째아들 그리고 막내아들과 상의를 했다. 큰아들은 막내에게 "약을 지어주자"라고 하고, 작은아들은 "아빠가 알아서 하시라"라고 하였다. 그러나 막내아들은 자기 몸값이라며 중학교 1학년과 2학년 방황과 갈등으로 힘든 시기에 마음의 쉼터로 의지했던 세계 아동 보호 시설에서 운영하는 지역아동센터에 전달하면 좋겠다며 단호하게 말했다.

다음날 지역아동센터를 찾아가 막내아들의 뜻을 설명했고 그 돈을 전달했다. 센터장님은 '감사하고, 고맙다'라고 하시며 막내아들 이름으로 사업 계획을 세워서 센터의 아이들을 위해 잘 쓰겠다고 하셨다. 나는 행복한 마음으로 집으로 돌아오는 길에 '돈의 의미와 가치를 알아가는 아들아! 많이 사랑한다'고 중얼거리고 있는 것을 느낄 수 있었다.

이러한 일이 있고 나서 나는 지금의 처해있는 상황들이 어렵고 힘들지만, 막내아들이 깨우쳐준 나눔의 의미를 생각하면서 살아가기로 다짐하였다. 그리고 내가 지금 상황에서 할 수 있는 것들이 무엇인지를 찾아보기로 하였다. 순간 스쳐 지나가는 것은 '폐지를 줍자'였다. 이때부터 내가 알고 있는 관공서 및 공장 그리고 병원과 사업체를 운영하는 지인들에게 신문을 가져갈 테니 모아두면 좋겠다고 말하였고, 주기적으로 정해진 시간이 되면 신문을 회수하였다. 그러다 보니 이때부터는 길을 지나가면서도 오로지 신문과 종이박스만 눈에 들어오는 것이었다. 이렇게 수거한 폐지를 고물상에 가지고 가서 팔았고, 판돈으로 학용품을 사서 연필은 어떤 분이, 노트는 어떤 분이 후원했다며 막내아들이 다녔던 지역아동센터에 전달하였다. 그리고 폐지를 모아준 지인들에게도 지역아동센터에 본인들 이름으로 전달했다고 설명을 하였다. 이러한 생활은 8개월 정도 계속할 수 있었다. 나중에 들어서 알게 된 이야기지만 지인들은 내가 아파서 사업도 접고, 제대로 사회생활도 않더니 이제는 정신까지 이상해졌다고 생각을 했었다는 것이었다.

나는 갑작스러운 공황발작으로 인생이 뒤바뀐 상황에서도 최소한의 삶에 대한 가치를 잊어버리지 않고 살려고 노력하였던 것 같다. 그래서 그랬는지는 모르지만, 청소년 시기에 많은 방황을 했었을 아들들이 오히려 올바르게 성장할 수 있는 계기가 되었다고 생각된다. 이렇게 '공황'은 나에게 또 다른 선물을 주기도 하였다. 사랑하는 아이들에게 글을 통해서라도 '감사하고, 고맙다.' 라고 전하고 싶다.

'오늘은 왠지 모르게 아들의 품이 더욱 그리워진다.'

두려움을 넘어서 힘찬 도약을 해야 한다.

지그 지글러, 『시도하지 않으면 아무것도 할 수 없다.』 중에서

숨겨진 내면을 바라보는
용기를 가져라!

기찻길 위에서 함께했던 여러 가지 추억들을 뒤로하고, 아버지의 사업 실패로 누적된 경제적 사정 때문에 국민학교 1학년 여름방학에 시골도 아니고, 그렇다고 시내도 아닌 외곽마을로 이사를 가야 했다. 이곳의 환경은 가끔 형사들이 와서는 누구누구 어디 있는지 아느냐며 자주 물어보는 정도였다.

이런 마을로 이사를 온 다음 날이었다. 형뻘 정도 되는 사람들과 같은 또래로 보이는 애들이 모여 있다가, 지나가는 나에게 "야! 너 이리로 와봐." 라며 부르는 것이었다. 그러면서 "너! 몇 학년이야?" 라고 물었고, 나는 일학년이라고 대답하였다. 그 말을 듣고 있던 형뻘 되는 사람이 "그래! 그러면 얘랑 싸움을 한 번 해봐." 라고 말하는 것이었다. 참으로 어이가 없었고 황당했던 나는 "왜! 싸워야 하나?" 라고 말하는 사이에 어디선가 날아온 주먹에 복부를 한 대 맞아야 했다. 한참 치고 받고 싸움을 하다가 상대가 나에게 밀리는듯하니, 얼굴이 비슷하게 생긴 또 다른 한 명이 달려들어 2대 1로 싸움을 하게 되었다. 한참 동안의 시간이 지나고 나서 보니 입고 있던 옷은 진흙으로 범벅이 되었다. 싸움을 시켰던 형뻘 되는 사람은 "앞으로는 너, 그다음은 같이 싸웠던 쌍둥이 중에서 큰애, 그리고 작은애"라고 호명을 하면서 싸움의 순위를 정해 주었다. 이처럼 이사 온 바로 다음 날에 동네 친구들과 첫인사를 이렇게 할 정도로 주변 환경들이 좋지 못한 마을이었다.

이곳에서는 중학교 1학년 때까지 지내면서 많은 일이 있었다. 특히 어머니는 이 마을에서 살면서 혈압으로 여러 번 의식을 잃고 쓰러졌고 병원으로 실려 가야 했다. 어느 날에는 학교 수업을 마치고 친구들과 축구를 하고 집으로 가는데, 같은 동네에 사는 다른 친구가 지나가면서 "야! 너 빨리 집으로 가봐. 너의 어머니께서 쓰러지셨어." 라는 이야기를 하는 것이었다. 그 소리를 듣고는 심장이 멈추는 것 같았고, 겨우 정신을 차리고 집으로 달려갔다. 그런데 아주 반가워하시는 목소리로 "아들 왔어?" 라는 어머니의 목소리가 들렸다. '내가 잘못 들었나?' 라는 생각에 "어머니 괜찮아요?" 라고 물어보았고, 어머니께서는 "뭐가?" 라고 대답하시는 것이었다. 안도의 한숨을 쉬면서 거짓말로 장난을 했던 친구를 찾아 나섰고, 마을 뒷산에서 놀고 있는 친구를 찾아서 죽을 만큼 두들겨 패주었다.

이처럼 나의 어린 시절은 어머니를 잃어버릴 것 같은 두려움과 불안이 많았다. 그래서 이러한 두려움과 불안을 경험하지 않을 수 있다고 생각한 나만의 방법은 오로지 어머니께서 아프지 않고, 쓰러져 돌아가시지 않아야만 가능하다는 생각을 하게 되었다. 그러다 보니 내가 무언가를 의지를 갖고 노력하기보다는 어머니께서 좋아하시는 행동들만을 하게 되었다. 이러한 시간이 갈수록 나는 더욱 수동적인 사람으로 조금씩 되어가고 있었다.

대학교에 들어가 졸업할 무렵까지도 나는 사는 의미를 찾지 못하고 방황하며 지냈다. 이 시기는 가끔 드라마 같은 걸 보면서 주인공과 동질감을 느끼고 스스로 위로를 받기도 하였던 것 같다. 대학교를 졸업할 무렵인 1992년~1993년에 장수봉 PD와 박진숙 작가의 작품으로 당시에 최고의 인기였던 '아들과 딸'이라는 드라마가 방영되었다. 이 드라마는 1950년대 직전으로 보이는 시기의 상황을 연출한 것으로 이란성쌍둥이로 태어났던 귀남이와 후남이의 이야기를 다루고 있었다. 아들인 귀남이는 편애하고 챙겨주면서 딸인 후남이는 철저히 외면하는 내용을 담고 있다. 이런 모습은 그 시대의 우리 어머니들의 일반적인 모습이 아닌가 싶다. 나 역시도 학교에서 수업이 끝나고 조금만 늦거나 동네 아이들하고 놀기만 하더라도 어머니가 여기저기 이름을 불러가며 찾아다녔기에 공감을 많이 느꼈던 것이다. 하지만 나는 어머니께서 항상 아프셨기 때문에 감정을 솔직하게 제대로 표현하지 못하고, 스스로 억눌러서 착한 아들로만 살아야 한다는 무거운 강박감도 함께 가지고 있었다.

'공황' 증상이 처음으로 나타난 이후 한동안은 여러 번의 공황발작이 나타났음에도 불구하고 의례적으로 해왔던 것처럼 좀 편히 쉬면서 운동과 명상도 하고, 약을 먹어 가면서 취미생활을 하면 좋아지겠다는 생각만 하였다. 갑작스럽게 증상이 심해지면 응급실로 가서 여러 검사들을 하거나 링거도 맞기도 하면서 그저 시간만 지나가서 나아지길 기대할 뿐이었다.

이렇게 계속하여 반복되는 상황에서 몸과 마음은 더욱 지쳐가고 있는데도 가슴에 쌓여있는 마음의 문제들을 보는 것은 계속 회피했다. 진정으로 무엇이 문제였는지 스스로의 모습을 직면하다 보면 내 안의 두려움과 불안을 만나야 할 것 같아 용기가 나지 않았는지 모르겠다.

아마도 다섯 살 때 기찻길 위에서 정신을 놓으신 채로 하늘만 멍하니 바라보시던 어머니의 손에 모든 것을 맡기었던 당시의 엄청난 공포감과 여러 가지 감정들이 어머니와 너무 밀착되었기 때문에, 더욱 외면하고 싶었던 것이라는 생각이 든다. 특히 혈압으로 자주 쓰러져 병원에서 생사의 갈림길에 있었던 어머니를 볼 때마다 혹시라도 어머니를 잃어버릴까? 라는 두려움과 불안감에 떨던 나의 모습도 자주 떠오른다.

그로 인해 두려움과 불안의 요인이 마치 어머니 때문에 생긴 것으로 생각하고 원망하거나, 또 지나친 책임감과 강박적 성격이 되어버린 나의 모습을 바라보아야 했기 때문에 억지로라도 외면하고 싶어서 그랬던 것일 수 있다.

결국 나는 몇 년 전까지만 하더라도 두려움과 불안에 대한 근본적인 문제들을 해결할 용기를 내지 못하였고, 겉으로 나타나는 공황장애 증상만을 임시적으로 변통하는 방법을 되풀이하면서 시간을 보냈다. 그러면서 스스로 '착한 아들'은 이 정도는 참아야 한다는 생각을 위안으로 삼고 있었다.

그러나 이제는 가슴속에 묻혀있는 불안과 두려움의 원인을 정확하게 바라보는 마음의 힘을 기르는 것이 얼마나 중요한지를 알게 되었다. 시행착오를 겪으면서도 가끔 나타나는 '공황'에 대한 나만의 해결 방법을 조금이나마 찾을 수 있게 된 것이다. 그 방법의 첫 번째는 어릴 적에 만들어진 두려움과 불안의 요인 중에서 어머니와의 관계를 통해서 형성된 다양한 감정들을 진정으로 이해하면서 원망이 아닌 사랑으로 승화시키는 것이다.

두 번째는 삶에 대한 확신을 가지는 것이다. 지금까지 수많은 공황 발작 증상들을 경험한 것처럼 심장이 터질 것 같은 고통의 상황에서도 그랬고, 차라리 죽는지를 확인하기 위해서 숨이 쉬어지지 않는 상황에서 오히려 더 뛰고 달리었어도 나는 결코 죽지 않았다. 이것이 사실임을 안 것처럼 말이다.

그리고 세 번째는 공황이 나타나는 상황을 만들지 않으려는 노력도 필요하지만, 무엇보다 편협한 생각이 들지 않게 하고, 긍정적이면서 조화로운 삶이 될 수 있도록 항상 깨어있는 의식을 갖도록 훈련을 지속하는 것이다.

이를 통해 나처럼 공황장애로 아파하는 사람들에게 용기를 내어서 스스로의 숨겨진 내면의 모습을 바라보라고 다시 한번 말하고 싶다.

문제 해결을 망설이는 사람들은 능력이 없어서가 아니라, 맞설 용기가 없어서 그러는 것이다. 그들에게 지금 필요한 것은 잃어버린 용기를 회복하는 일이다.

김정민, 『오늘 행복을 쓰다.』 중에서

명상을 통한 변화를
느껴보라!

마음 챙김 명상이란? 지금 현재 일어나는 감정과 감각 그리고 마음에 떠오르는 갖가지 생각들을 있는 그대로 인정하고 수용하는 것이다. 즉, 판단하지 않고 의도적으로 순간순간에 주의를 기울이면서 알아차리는 것이라고 마음 챙김 명상의 선구자라고 할 수 있는 존 카밧진은 설명한다. 특히 메사추세츠 대학 정신과의 린다 피터슨과 앤 매시온, 행동 의학의 진 크리스텔러와 로리 박사 등과의 협력을 통한 연구에서는 마음 챙김 명상이 불안과 공황발작을 분명하게 조절할 수 있다고도 소개하고 있다.

국내에서도 마음 챙김 명상이 불안과 우울 및 분노 등의 감정을 다스리는 데 매우 효과적이라는 것은 여러 편의 논문에서 쉽게 찾아볼 수 있다.

나는 이러한 마음 챙김 명상을 첫 공황발작이 발생되었던 무렵에 접하게 되어 수시로 명상을 하였다. 그러다가 2009년부터는 나의 잘못된 습관들과 왜곡된 부정적인 감정들을 새롭게 한다는 생각으로 좀 더 구체적인 명상 계획을 세웠다. 매일 간절한 마음으로 아침, 점심, 저녁에 108배와 마음 챙김 명상을 100일 단위로 정해서 2년 동안 계속해서 한 적이 있다.

이런 수련을 처음으로 정해서 했을 때의 일이다. 매일 하던 명상이 100일째 되던 날에 정상 높이가 795미터 되는 산을 올라가게 되었다. 이곳은 사업과 사회활동으로 바빴던 시절에도 일요일이면 다녔던 곳으로 정상까지 50분이면 올라갈 정도의 거리였다. 그 당시에도 일주일 한번 산행을 할 때면 어느 정도 호흡이 적응되는 시간 동안에는 거친 호흡을 감당해야 했었던 기억이 있다.

그런데 100일 동안을 집중적으로 아침, 점심, 저녁에 각각 한 시간 이상씩을 마음 챙김 명상과 호흡을 하고 나서 그랬는지는 모르겠지만 이날은 산행하면서 참으로 묘한 경험을 했다. 예전에는 산행을 시작하여 적응이 되는 중간 정도의 지점에 이르기까지는 거친 호흡이 생기는 것이 일반적이었는데, 이날은 정상에 도착할 때까지도 아주 편안한 호흡의 상태가 유지되고 있는 것이었다. 지금도 생각해보면 참으로 행복하고 편안했던 이 순간을 잊을 수가 없다. 하산할 때쯤 하늘을 바라보면서 매 순간이 거친 파도의 심장의 소리가 아니라, 오늘과 같은 부드럽고 속삭이듯 달콤한 나의 심장의 소리가 되기를 간절한 마음으로 기도하기도 하였다. 그때부터 나는 마음 챙김 명상과 호흡은 내면의 상태를 바라보기도 하지만 갑작스럽게 널뛰는 심장을 토닥이면서 우는 아들을 달래듯이 진정시킬 수 있는 좋은 방법이라고 확신을 하게 되었다.

이렇게 극복하려는 의지로 거의 2~3년 시간 동안을 열심히 실행하였고, 그 덕에 '공황발작'과 만나는 횟수는 많이 줄게 되었다. 어쩌다가 한 번씩 찾아오는 '공황'의 증상들도 가볍게 인사하고 지나가는 정도로 약하게 나타나는 것을 경험하게 되었다.

당시 마음 챙김 명상할 때마다 작성했던 명상일지 중에서 일부를 여기에 옮겨 적는다.

3월 12일

머리 위에 있는 정수리 쪽으로 맑은 기운이 들어오고, 가슴은 답답하면서 싸늘한 느낌이 들었다. 계속 호흡하며 집중을 하고 있었는데 몸에서 약간의 떨림과 열감이 느껴졌다.

3월 20일

명상하고 있었는데 가슴이 답답하면서 약간의 통증이 느껴졌다. 바라보는 가슴 부위에는 하얀 얼룩으로 된 원 형태의 테두리가 있었으며, 그 원 안쪽에는 약간 빨간 색깔로 나타나 있었다. 시간이 지날수록 가슴은 조금 편안해졌지만, 이번에는 양쪽 다리가 마비되는 것 같은 느낌이 들었다. 천천히 천정을 보고 누웠고 시간이 지나갈수록 온몸에 얼음물이 녹는 듯 손끝과 발끝으로 시원한 느낌의 무언가가 빠져나가는 느낌이 있었다.

4월 14일

명상으로 어느 정도의 시간이 흘렀는데, 몸이 좌우로 조금씩 움직이기도 하고 어떤 때는 빨리 움직이기도 하였다. 또 원을 그리면서 움직이다가 멈추고, 다시 움직이는 동작들이 반복적으로 계속되었다.

5월 24일

아랫배의 단전에 집중하면서 명상을 시작하였고, 어느 정도의 시간이 지나자 초원 위에 누워있는 것처럼 몸과 마음이 편안해졌다. 몸은 약간의 바람에도 흔들리는 것처럼 부드러웠고 고요했다.

7월 22일

머리끝에 있는 정수리 쪽으로 하얀색의 물이 들어오는 느낌이 들었고, 배꼽과 명치 사이에서는 노란색으로 된 얼룩이 부분적으로 있는 것처럼 느껴졌다. 어제보다는 마음이 조급한 느낌이 들었다.

8월 5일

하얀 폭포에서 떨어지는 물이 머리 위쪽으로 들어오는 느낌이 들었다. 명치와 배꼽 사이에서는 약간 뜨거운 느낌이 들었고, 아랫배 쪽에서는 진달래꽃이 가득 찬 느낌이 들었다. 오늘은 호흡이 편안했다.

8월 21일

오늘 명상에서는 움직이는 내 모습과 움직이는 나를 보고 있는 또 다른 나의 모습이 느껴졌다. 마치 몸과 마음이 분리되는 느낌이었다.

8월 22일

하얀 아기 천사가 요술 지팡이를 들고 와서 별들을 내게로 뿌려주는 것 같은 느낌이 들었다. 심장의 한쪽은 어두운 색깔을 하고 있었는데, 시간이 갈수록 조금씩 노란색으로 변했다. 그 노란색은 다시 손과 발로 퍼져 나가는 느낌이 들었다.

9월 24일

명상하는 도중 가끔 잠으로 빠지는 것을 경험했다. 등도 아팠고 호흡도 약간은 거칠다는 느낌이 들었다.

10월 25일

머리 위쪽 정수리로 여러 개의 태양이 들어오는 느낌이 있었고, 그 태양들은 나의 가슴과 명치 그리고 배꼽 부위로 내려왔다. 그 태양의 색깔은 위에서 아래로 내려올수록 더욱 노란빛으로 변했다.

11월 25일

속이 텅 빈 편백나무가 통째로 나의 머리로 들어오는 느낌이 들었고, 그 편백나무는 머리와 가슴 그리고 배꼽을 관통하여 지하 밑에 깊은 곳까지 연결되었다. 편백나무 안에서는 끈끈한 점액 같은 것들이 나왔고, 그 점액들은 아랫배 부위에 모여서 호숫가를 만드는 느낌이었다.

공황의 원인이 될 수 있는 두려움과 불안을 적대시하지 말고 잘 다스려서 함께 살아가는 방법을 알아가는 데는 명상하는 것만큼 좋은 것이 없다고 생각된다. 하지만 이렇게 평화로운 순간들도 시간이 지나서 나의 생활 습관이나 행동들이 나태해지거나 조화롭지 못해 감정들이 요동을 칠 때면 사정없이 나를 찾아와서 괴롭게 할 수 있다는 것도 알게 했다.

오늘도 생각해보니 공황은 나를 더욱 성장시키는 요술 방망이 역할을 잘 수행하였던 것 같다. 감사하다는 생각이 든다.

*몸과 마음이 지치고 힘든 분들이 계시다면 마음 챙김 명상을 한번 해보시라고 권하고 싶다. 참고로 존 카바진이 마음 챙김 명상수련을 할 때 중요하다고 강조하는 일곱 가지 태도를 적어본다.

1. 판단하려 하지 말라.
2. 인내심을 가져라.
3. 처음 시작할 때의 마음을 간직하라.
4. 믿음을 가져라.
5. 지나치게 애쓰지 말라.
6. 수용하라.
7. 내려놓아라.

내 인생의 친구 공황장애

기도와 명상법을 알고 있다면, 지금이 바로 그런 것들을 활용할 때이다. 마음이 가라앉고 차분한 상태가 되면 고통이 다시 떠오를 수도 있다. 그래도 괜찮다. 고통은 고통으로 남겨두고 자신의 내면을 정면으로 바라보도록 한다. 기도와 명상 중에 되살아난 상처는 자연스럽게 치유된다. 다만 기도할 때, 다른 무엇보다 고통을 견뎌낼 인내심과, 치유를 위한 강인함과, 깨달음을 위한 지혜를 갖게 해달라고 기원하라.

헤럴드 블룸필드외, 『상실과 치유의 심리학』 중에서

제5장

'공황'이
가져다 준 선물

성숙의
기회가 되다

'공황장애'란 신체적으로나 심리적으로 다른 사람들보다 예민하게 반응되어 나타나기 때문에 가끔은 죽을 것 같은 두려움을 느낄 수 있다. 그리고 '심장이 마비되는 것 같은 심근경색과 머리에 심한 이상이 생겨서 뇌졸중이나 뇌출혈 같은 질병에 걸리지는 않을까?' 라는 불안 감도 생기게 된다. 하지만 십여 년이 지난 지금에서 생각해보면 공황 장애는 나에게 많은 선물도 안겨주었다.

첫째는 건강에 대한 많은 관심을 가지게 하였다.
공황장애를 경험하기 전까지 매일 마시던 술과 하루에 2갑씩 피웠던 담배를 미련도 없이 끊을 수 있게 하였다.

둘째로 사업과 사회활동을 한다는 이유로 처음에는 '공황'이 나타나는 증상만을 해결하려는 안이한 마음을 가지고 스트레스를 줄이는 데 집중하였다. 이러한 방법으로는 스트레스를 잠시 감출 수는 있어도 공황장애의 근본적인 해결 방법은 찾을 수 없었다. 그래서 공황장애의 실체에 대한 구체적인 정보를 조금씩 알아가려고 노력을 하였고, 그런 과정에서 아무런 생각 없이 앞만 보고 달려왔던 나의 삶을 되돌아볼 기회를 선물로 주었다.

셋째는 내가 진심으로 살아가야 하는 방향에 대해서도 생각할 수 있게 했다. 그리고 공황장애에 대한 경험을 통해서 나만의 삶에 대한 극복 노하우도 생겼다. 또 이로 인해 '삶' 자체에 대한 궁금증이 일어 시작하게 된 명리 공부를 통해서 다른 사람들의 삶을 이해하려는 마음들도 생겨났다. 그러다 보니 자연스럽게 공황장애와 우울증으로 고생하시는 사람들과 이야기를 할 수 있는 시간들이 있었고, 그 과정에서 오히려 사람들의 경험과 지혜로운 말씀을 들을 수 있는 행운을 얻기도 하였다.

지금까지 상영된 '내 인생의 친구 공황장애' 영화의 중간 평을 해본다. 이 영화는 나의 삶 중에서 나를 가장 성숙하게 만든 것들은 '공황'의 경험을 통해서 알게 된 일들이라는 사실을 깨닫게 하였다. 만약에 이러한 부분들이 없었다면 어린 시절의 삶에 대한 의미와 가치가 무엇인지도 모르고 내가 주인공이 아닌 상태로 살았던 모습을 그대로 되풀이만 했을 것이다. 그런데 2004년에 찾아온 '공황'은 감사하게도 크지 않는 소박한 내 삶의 터전 극장에서 내가 직접 드라마의 주인공으로 등장할 수 있는 기회를 주었다. 특히 2005년부터 2008년까지는 '공황발작'이 자주 일어나 큰 무대마저 감당할 수 있도록 혹독한 연습을 시키기도 하였다. 그때마다 나는 병원과 한의원을 찾아다니며 검사하고 응급처지를 받아가며 쉽지 않은 배역에 내 삶을 적응해 가야만 했다. 가끔 심하면 약을 먹었고, 견딜만하면 몸으로 참고 버티는 연습을 하며 시간을 보냈다. 그러다가 2009년쯤 되어서야 '공황장애'라는 영화의 주인공에 대한 역할을 좀 더 이해하려고 노력했었다. 이때부터는 구체적으로 계획을 세워서 마치 수행자처럼 거의 2년 동안을 매일 아침, 점심, 저녁때마다 108배와 명상을 하면서 큰 배우가 되어가는 과정을 견디어야 했다.

2011년 여름부터 2015년까지는 일 년에 한 번 내지 두 번 정도 100일씩 정하여 새벽 명상과 산행을 하면서 배역을 철저히 소화하기 위한 몸과 마음의 감각을 깨우는 작업을 시작하기도 하였다. 2016년부터는 마음이 해이해졌는지 모르겠지만 명상과 산행을 가끔 하는 대신 지식을 얻기 위해서 노력하는데 더 많은 시간을 할애하였다.

특히 '공황'을 경험해 오면서 그 원인이 무엇인지를 찾으려고 노력하던 중에 예전부터 해오던 명상과 심리학을 접목시킨 마음치유에 관심을 두게 되었다. 그래서 관련된 대학원에 입학하여 2학기 동안 공부를 하였고, 그 과정에서 이제마의 사상체질의학을 알게 되었다. 그 계기로 태양인·소음인·소양인·태음인의 심리유형에 대한 궁금증이 생겨서 보다 체계적인 공부를 더 하고 싶어서 학과를 옮겨 박사과정에 다시 입학하게 되었고, 지속적으로 연구를 하여 박사취득까지 하게 되었다.

이렇게 시간이 갈수록 인간의 심리에 관한 관심은 더 많이 생기게 되었고, 공황장애 증상은 체질별로 어떠한 특성이 있는지에 대한 관심도 생기게 되었다. 그래서 자연스럽게 공황장애로 아파하는 사람들과도 만나서 이야기를 하는 시간들도 많아졌다. 이러한 만남으로 공황장애를 이해하는데 많은 도움을 받았고, 공황장애를 겪고 있는 분들에게는 유사한 성격이 있다는 사실도 알게 되었다. 이들은 대부분 모든 일에 대충 지나가지 못하고, 염치없이 자신의 이익만을 챙기는 행동을 하지 못하며, 실수하지 않으려고 밤을 새워서라도 주어진 일을 처리하는 책임감이 강한 성격을 가진 사람들이었다. 뿐만 아니라 다른 사람들이 힘들면 먼저 손을 잡아주는 순수하고 맑은 성격의 소유자였다. 그래서 때로는 마음의 상처를 많이 받게 된다는 것도 알게 되었다.

나는 어릴 적 마음의 상처로 생긴 분노, 불안, 공포, 극단적 선택, 예민함 등과 절친한 친구가 된 적이 있었다. 이들과는 시간이 흘러갈수록 더욱 깊은 관계가 형성되었고, 마침내 '공황장애'라는 또 다른 친구를 만들게 되었다. 그리고 지긋지긋해서 영원한 이별을 원했지만, 한순간이라도 조화로움을 잊어버리고 살아가는 것 같으면, 어느 때든 어김없이 나를 찾아왔다. 이 친구 공황장애는 정신 차리라며 온몸을 회초리로 때리는 것 같은 아픔을 주기도 하였고, 그러고도 정신을 못 차리면 머리, 심장과 숨통을 '끊어버리기'라도 하듯이 목을 누르면서 사납게 달려드는 것을 경험했어야 했다.

이러한 반복되는 '공황장애' 증상들을 겪으면서 나는 정신적으로는 더 성숙해졌고, 그로 인해 분노, 불안, 공포, 극단적 선택, 예민함이라는 과거의 내 친구들과의 관계에서 무엇이 문제였는지를 생각할 기회를 얻기도 하였다.

지금은 오히려 감사하고 고마운 친구라는 생각마저 들고, '공황장애'라는 친구는 두려워하거나 무너뜨려서 제압해야 하는 상대가 아니고, 일정한 거리두기를 해가며 아름다운 인생여행을 함께 떠나는 진정한 동반자가 될 수 있다는 생각마저 든다.

'공황'은 나에게 많은 것들을 빼앗아 갔지만 새롭고 아름다운 것들을 더 많이 얻게 하였고, '공황'을 극복하는 과정에서 적어놓았던 일기장 속 비밀이야기를 통해서 바바라 애버크롬비가 말한 것처럼, 나는 많은 치유를 경험하였다고 느낀다. 제5장에서는 그러한 내용의 일기들을 정리하였다. 이 글들이 여러 가지 이유로 힘들어하는 사람들에게 자신들의 내면에 있는 맑고 아름다운 영혼의 숨소리를 느껴볼 수 있는 마중물이 되었으면 하는 바람을 가져본다.

"머릿속이나 가슴속에서 요란하게 울려대는 이야기를 글로 써내지 않으면 그 이야기는 자취를 감춰버린다. 글을 씀으로써 좋은 순간들을 붙잡아둔다. 운동선수가 훈련하듯 매일매일 글을 쓰다보면 인생의 벽이 문으로 변하는 경험을 맛보고, 더욱 깊이 있고 의식적인 삶을 살 수 있다."

바바라 애버크롬비의 『인생을 글로 치유하는 법』 중에서

아이들로부터
선물을 받다

사랑이 되어 온 선물

"축구는 저에게 희망입니다." 라고 말하는 아이에게

그만두라고 말할 수 없었습니다.

공부할 때든,

밥을 먹을 때든,

축구만 생각난다는 아이에게

그만두라고 말할 수 없었습니다.

간절함을 등불 삼아 밤마다 축구장을 가르는 아이에게

그만두라고 말할 수 없었습니다.

그래서 용기를 내어서

아이의 간절함과 진실함을 전했을 뿐인데

너무 많은 사랑이 되어 돌아옵니다.

왠지 눈물이 납니다.

하염없이 눈물이 납니다.

(어느 날 불쑥 찾아온 '공황'으로 나의 모든 것들이 무너져 버렸다. 아니 내 스스로 무너뜨렸다. 이러한 상황에서 막내아들은 축구 선수가 되는 것이 자신의 꿈이라고 말했다. 그 간절한 꿈을 지켜주고 싶어서 염치를 무릅쓰고 주변 사람들에게 말을 했다. 그 결과로 막내아들을 위한 후원회가 결성되었고, 대학교 1학년까지 축구를 할 수 있는 영광을 얻게 되었다.)

막내아들을 생각하며...

당신이 떠난 이 자리가
이렇게도 큰 줄 몰랐습니다.

당신이 떠난 이 자리가
이렇게도 아픔이 되어 올 줄은 몰랐습니다.

당신이 없는 빈자리만큼이나
당신은 다시 올 사랑임을 기대합니다.

당신은 사랑이고,

행복이고,

기쁨입니다.

난 당신을 존경합니다.

(힘든 하루하루를 보내면서도 살아갈 수 있었던 힘의 원천은 아이들이었다. 어느 날 막내아들이 축구 선수가 되어서 처음으로 집을 떠나 숙소 생활을 했을 때의 허전했던 마음을 적다.)

다시 만나기 위한 헤어짐

긴장하고 떨리는 임의 숨소리를 느꼈습니다.

애써 편안해 보이려는 임의 모습 속에서,

멀리서 손을 흔드는 임의 모습 속에서,

당신의 사랑을 느꼈습니다.

나의 두 눈에는 마중물이 된 눈물이

다시 웃음으로 만날 준비를 미리 하듯이

벌써부터 문 앞에서 기다리네요.

(나에게 임이 되어버린 막내아들이 축구를 시작한 지 얼마 안 될 무렵이었다. 금요일 저녁 집에 왔다가 일요일 저녁 다시 축구부 숙소로 돌아가는 아들을 데려다주고 돌아오는 길에 아들의 모습을 보면서...)

아들에게

영혼이 아름다운 아들아!
욕망과 이기심이 아닌
세상의 아름다움과 행복함을 생각하면서
꿈을 키우길 바란다.

사랑하는 아들아!
'세상을 위해 무엇을 할 수 있을까?' 라는
커다란 화두를 생각하면서
꿈을 키우길 바란다.

자랑스러운 아들아!
너의 꾸준히 노력하는 모습이
어렵고 힘든 사람들에게
용기와 희망의 씨앗으로 싹틀 수 있기를 바라며
꿈을 키우길 바란다.

존경하는 아들아!
어떤 시련이 오더라도
슬퍼하거나 고통스럽게 생각하기보다는
따뜻하게 안아 줄 수 있는 아들이 되길 바란다.

내 인생의 친구 공황장애

이런 모든 꿈들을 키우려면

지금 어떻게 해야 하는지를

항상 생각하길 바란다.

(아들의 꿈이 꼭 이루어지길 바라며, 그 꿈이 세상을 아름답게 만들기를 꿈꾸면서 적다.)

아들에게 보내는 편지(1)

아들아!

사람들이 너의 날카로운 눈빛을 보면서

때로는 섬뜩하다고,

때로는 예리해 보인다고,

때로는 남자답다고 할 때

자만하거나,

오만하거나,

거들먹거리지 않기 바란다.

아들아!

사람들이 너의 마음속에 있는 눈빛을 보면서

신뢰하기를,

사랑하기를,

존경하기를 바란다.

(사랑하는 아들이 겉으로 드러나는 모습보다는 내면의 성숙함을 보고 사람들에게 신뢰와 존경을 받는 사람이 되기를 바라며...)

아들에게 보내는 편지(2)

사랑하는 아들아!
너의 꿈인 축구를 하는 데 있어서
기술적인 부분은 친구들보다
조금 부족 할 수 있다.
하지만 꿈에 대한 간절한 만큼은
어떤 사람에게도 밀리지 않기를 바란다.

그렇게 하다 보면
너의 가슴 속 하늘을
스스로 여는 날이 오리라 믿는다.

(나는 어릴 적에 많은 피해의식을 가지고 살았다. 그로 인해 자존감을 잃어버렸고, 공황상태까지 되었다. 아들만큼은 진실함과 간절함을 가지고 세상을 살아가면 좋겠다는 바람을 가져본다. 특히 꿈에 대한 간절함을 잊지 않기를 바라는 마음으로 적다.)

아들에게 보내는 편지(3)

아들아!
지금도 너의 꿈을 향한 열정이 식지 않았는지 모르겠구나.

찰나의 순간이라도
사사로운 부자의 인연이란 이유로
너의 가는 길에 걸림이 된다면
조금의 망설임을 가지지 말고
나의 심장을 가르길 바란다.

한 가지 소망을 구태여 말한다면
아빠의 소중한 아들로 살아가기보다는
많은 사람들의 자랑스러운 아들로 살아가기를 바란다.
(아들이 나만의 소중한 아들이기보다는 많은 사람들의 자랑스러운 아들로 살아가기를
바라는 마음으로 적다.)

내가 죽어야 아들이 산다.

사랑한다는 이유로
아들의 삶에 너무나 관여하는 것은 아닐까?

사랑한다는 이유로
무조건 내 말을 잘 들어야 된다는
착각에 빠져있는 것은 아닐까?

사랑한다는 이유로
강요와 독선으로
무지한 아버지의 모습을 하고 있는 것은 아닐까?

사랑한다는 이유로
한 인격체로 대하기보다는
나의 부속품으로 생각하고 있는 것은 아닐까?

사랑한다는 이유로
분노와 오만, 투정, 슬픔, 괴로움의 표현들을
사랑이라 합리화하며 살아가는 것은 아닐까?

사랑한다는 이유로
나도 모르게 사랑해서는 안 될 관계로
만들어가는 것은 아닐까?

내가 죽어야 아들이 산다.
오늘도 또다시 나를 죽인다.

('공황'은 나의 잘못된 습관이나 행동들이 자식에게 세습되지 않도록 항상 의식을 깨우쳐주려고 자극해 주었던 소중한 친구였다. 오늘도 나의 무지함으로 아들의 삶에 지나친 관여를 하지는 않는지 돌아보며 스스로 자립할 수 있는 아들로 성장하기를 바라는 마음으로 적다.)

밑불처럼 살아라.

아들아!
거대한 활화산처럼 피어오르지는 않지만
잔잔하고 따스함을 느낄 수 있는
밑불처럼 살아라.

아들아!
번개처럼 요란하지는 않지만
은근하면서 포근하게 느낄 수 있는
밑불처럼 살아라.

아들아!
태양처럼 눈부시지는 않지만
희망과 꿈을 위해서 스스로 몸을 태우는
밑불처럼 살아라.

(사랑하는 아들들이 갑자기 힘들어진 가정환경 때문에 겪어야 했던 경험들이 원망과 분노가 아닌 자신들의 희망과 꿈을 위해 꼭 필요한 밑불이 되기를 바라는 마음으로 적다.)

아들에게서 온 편지

아빠 !
예전에 힘들었고
지금도 사실은 많이 힘들지만
우리 아빠랑,
큰형이랑,
동생이랑 함께 있어 버틸 수 있었어요.
아빠가 몸도 마음도
많이 아프고 힘들어서
포기하고 싶었을 거라는 것도 잘 알아요.
그러나 끝까지 포기하지 않고
지금까지 잘 버티어 줘서 너무 고마워요.
그런 아빠가 대단하다고 생각하고
아빠여서가 아니라 한 인간으로서 존경해요.
그리고 교훈이 될 만한 점들이 참으로 많은 것 같아요.
앞으로도 우리 가족
재미있고 활기차게 지내요.

아빠!

사랑해요!

(어느 날 둘째 아들에게서 온 사랑의 선물을 옮겨 적다.)

어느 날

철부지로만 느껴졌던 큰아들이 입대하던 날
평소에는 말도 잘했는데
오늘은 왠지 벙어리가 된 듯하다.
담담하다던 아들의 모습이
시간이 갈수록 긴장한 모습이다.
애써 감추려는 모습 속에 안쓰러움이 느껴진다.
작별 인사를 하고 점점 멀어져가는
아들의 눈빛 속에서
하고픈 많은 이야기들이
무지개 빛깔이 되어 메아리쳐 온다.

아빠 건강하세요.
아빠 사랑해요.
아빠 걱정 마세요.

아들의 그림자가 희미해질 때...
어디선가 전화벨이 울린다.

아빠! 괜찮아요.
아빠! 형은 들어갔어요.

오늘 벌써 수차례...
성숙해가는 모습을 보고 있노라니
참으로 귀엽고 대견하다.
(갑자기 심장이 멈출 것 같고 머리가 마비될 것 같은 두려움과 불안이 찾아오는 상황에서도, 때로는 아빠로 때로는 엄마의 마음으로 아이들을 홀로 키워야 했다. 오늘은 세 명의 아들 중에서 큰아들이 군대에 입대하는 날이다. 이날의 마음을 적어본다.)

"영혼의 쉼터를 찾기 위해서 참으로 많은 날을 방황하였고, 고통과 외로움을 나 홀로 위로해야만 했었다. 슬퍼도 슬퍼할 수 없었고, 즐거워도 즐거워할 수 없었던 지난날의 시간들이었다. 이처럼 나의 심장에 흐르는 눈물을 닦아야 했던 순간들을 잊을 수가 없다."

윗글은 일기장에 숨겨 놓은 이야기 중 일부분이다. 많은 시간을 방황하면서 홀로 감당해야 했던 일들은 아들들이 보내 준 사랑의 선물로 견딜 수 있었다. 그 선물들을 소개한다.

일기장에 숨겨 놓은 이야기 중에서...

내 인생의 친구 공황장애

'공황장애',
나를 깨워준 스승이 되다

나의 마음에는 같은 듯 전혀 다른 두 가지의 분노심이 있는 것 같다. 정상적으로 작동이 될 때는 정의롭고 선한 사람으로서의 긍정적 분노심이 생기고, 비정상적으로 작동될 때면 잔인한 사람에게 나타나는 세상에서 가장 추하고 더러운 부정적 분노심이 생기는 듯하다.

사업체를 잘 운영할 때는 억눌리었던 가슴 속 분노심이 긍정적으로 작동이 되어서 화산이 폭발하여 용암을 분출하듯 아주 열정적으로 일을 한 것 같다. 특히 보통은 40~50대 정도 나이에 시작하는 사업을 어린 나이에 내가 할 수 있었던 것은 사람들에게 올곧은 마음으로 최선을 다하는 것만이 유일한 방법이라 생각하며 긍정적인 작동 스위치를 사용하였기 때문에 가능하였다. 덕분에 처음으로 학교 공사를 제안을 받아서 일을 잘 마무리를 하다 보니, 직원분이 다른 학교 직원분에게 추천을 해주었다. 또 그분이 다른 분을 소개하고 이런 식으로 사람들과의 관계는 형성되어 갔고, 더불어 사업도 점점 확장되어 일반 관공서, 중·고등학교, 대학교 등 여러 개의 기관에서 공사할 수 있는 기회도 생기게 되었다. 다른 회사들은 IMF로 힘들어할 때 나에게는 오히려 기회가 되었고, 사업은 시작한 지 2년 정도가 되면서 안정된 상태가 되었다. 그러자 주변의 사람들이 다양한 사회활동을 권유하였다. 그래서 처음으로 여러 봉사단체에서 사회활동을 시작하였고, 그 외에도 시민단체 등 20여 개의 모임 활동을 하였다. 그러면서 스스로 봉사하는 삶을 산다는 자부심을 가지기도 하였고, 다른 한편으로는 많은 사람과 인맥을 형성하기도 하였다.

시간이 갈수록 사업과 사회활동은 안정적으로 되었는데, 2003년에 문득 대학 시절에 정말로 간절히 원했던 내가 살 집은 내가 짓는다는 꿈이 생각이 났다. 그 순간부터 물안개처럼 '꿈이 사라지면 어떡하지?'라는 조급함과 불안감이 생겨나기 시작하였다. 그래서 곧바로 지금까지 잘나가던 회사를 정리하고 실내건축 전문건설회사를 설립하게 되었다. 이처럼 생각났을 때 바로 시작하지 않으면 안 되는 성격으로 굳어진 것은 불안감과 조급함이 가장 큰 원인이 되었을 것으로 본다. 어쨌든 당시 나에게는 돈을 버는 것보다 꿈을 잃어버리지 않는 것이 더욱 중요했기 때문이었다.

이렇게 시작한 실내건축 사업은 시작한 지 일 년 동안은 수익을 발생시키지 않는 것을 목표로 정하고, 수익이 발생하면 더 많은 추가 공사를 해주었다. 이렇게 하다 보니 소개에서 소개로 이어졌고 일의 양은 늘어만 갔다. 주로 했던 공사들은 관공서 입찰 공사 그리고 병원과

내 인생의 친구 공황장애

한의원 공사, 피자 체인점 공사, 의류매장 공사 등 이었다. 많은 일을 하면서도 나의 꿈을 조금씩 실천해 간다는 보람으로 열심히 하였다. 사업을 하면서 가장 기억에 남는 일을 소개한다.

원주에 있는 한 피자 체인점 인테리어 공사를 했을 때의 일이다. 공사를 잘 마무리하고 잔금을 받기 위해서 약속된 장소에 나갔다. 그런데 공사를 계약할 때에 오셨던 여자 사장님이 안 나오시고, 이번에는 남편이라고 하시는 분이 나오셨다. 그리고는 공사금액을 조금만 깎아주면 안 되겠냐고 말씀을 하시는 것이었다. 나는 안 된다고 말씀을 드리고는 잔금을 받기를 기다리고 있었다. 한참의 적막이 흘렀고, 결국에는 잔금 전부를 건네받았다. 그런 다음에 가방 속에서 미리 준비해 간 현금 사백만 원을 남편분에게 건네주면서 생각보다 많은 이윤이 남았는데, 이만큼의 돈은 필요 없다고 말하였다. 주인은 당황하며 자신도 큰 건설업체 소장으로 근무한 기간이 20년이 되었는데, 공사비가 남았다고 되돌려 준 사람은 처음 보았다고 이야기하였다. 그리고 앞으로 자기 회사 공사 좀 맡아달라고 오히려 부탁을 하는 것이었다. 이렇게 할 수 있었던 것은 돈 버는 것도 중요하지만 삶의 가치를 느끼면서 살고 싶다는 나의 조그만 소망을 늘 한쪽 가슴에 가지고 있었기에 가능했던 것 같다.

'공황장애'의 아픔을 경험하고 많은 시간이 지난 뒤에서야 내가 무언가 하고 싶다는 욕구가 생기면, 그때까지 쌓아 올린 경제적 성과이거나 정신적 의미의 성과에 연연하지 않는 성격임을 알게 되었다. 오히려 그 성과를 스스로 허물어 버리고서라도 하고 싶은 일을 해야만 되는 성격이었다. 이것은 어릴 적부터 가지고 있었던 피해의식에서 비롯된 것으로, '지금 하지 못하면 끝내 못한다'는 조급함과 불안한 감정들이 원인이었던 것이다.

이처럼 '공황장애'는 내 인생의 과제인 조급함과 불안감이 생기게 되었던 근본적인 원인을 찾을 수 있는 행운을 가져다 주웠다. 그리고 지금도 '나태하다'라고 생각이 들 때면 수단과 방법을 가리지 않고, 나를 보다 성숙하게 하는 스승의 역할을 하는데 최선을 다하고 있다는 느낌마저 든다.

"오늘은 오랜만에 느껴지는 터질 것 같은 뇌의 압력에 내가 돌고 있는 것인지, 하늘이 돌고 있는 것인지 모를 정도로 참으로 힘겨웠던 날이다. 다리는 이제 막 첫발을 내딛는 아이처럼 흐느적거리고, 순간순간 밀려오는 공포감으로 심장은 숨소리도 내지 못하고 있다. 마치 길을 잃어버린 소년처럼 하늘만 멍하니 쳐다보면서 눈물만 흘리고 있다. 어느덧 폭풍이 지나갔다. 폭풍은 한없는 고요함과 평온함의 마중물이 되어 정지되어 있던 나의 온몸에 온기를 불어넣는다. 이제야 정신이 차려진다. 오늘은 내 님이 지나갔다. 참으로 좋다."

윗글은 갑작스럽게 공황발작이 찾아올 때 느꼈던 것을 적어 놓았던 일기장 속 이야기이다. 이처럼 '공황장애'는 내가 삶에 대한 본질을 잃어버렸다 싶으면 언제든지 찾아와서 나를 깨우쳐주는 스승을 자처했다.

일기장에 숨겨 놓은 이야기 중에서...

내면의 소리를
듣게 되다

기도

가끔 심장에 손을 대지 않아도

거친 심장의 숨소리가 느껴질 때가 있었습니다.

일반 사람들의 맥박 횟수가 보통 80회 라면

나는 2배 정도 되는 150회를 뛸 때가 있었습니다.

숨 쉬는 것이 힘들어서

숨이 멈추기를 기도한 적도 있었습니다.

하지만 하늘은 나의 간절한 기도를 단호히 거절했습니다.

그리고 더욱 거친 시련으로 저를 내보냈습니다.

수많은 시간이 지나고서야

조금 알 것 같습니다.

나의 사명과 꿈을 이루기 전에는

죽어도 죽지 않는다는 것을...

후원 해주신 많은 분들에게 진심으로 고마움과 감사함을

나의 가슴에 흐르는 영혼의 샘에 담아서

영원히 마르지 않도록 하겠습니다.

그리고 거친 심장의 소리는

욕망과 이기심을 위해서가 아니라

영혼을 위해서

삶의 완성을 위해서

밑거름으로 사용되도록 하겠습니다.

진심으로 감사합니다.

(숨 쉬는 것이 너무 힘들어서 차라리 죽었으면 좋겠다고 기도한 적도 있었다. 하지만 결코 죽지 않는다는 것을 알게 되었다. 아니 나에게 주어진 사명을 마칠 때까지는 죽을 수가 없다. 그 이후부터 하루하루를 간절함으로 살아가고자 하는 마음이 생겼다. 오늘 그 마음을 적어본다.)

감사의 편지

예전에는...

오만함과 거만함...

이기심과 질투심...

그리고 분노의 마음을 가지고 살았습니다.
산을 오를 때에는
정상에 도착하고 나서 쉬어야 되는 줄 알았습니다.
길가에 애처롭게 울며 엄마를 찾는 아이에게
시끄럽다고 짜증을 냈던 때도 있었습니다.

힘들 때도 힘들다고 말하면
지는 것으로 생각했습니다.
기쁠 때도 기쁘다고 말하면
그 기쁨이 날아가 버리는 줄 알았습니다.

마음으로 살지 못하고 겉치레로 살았습니다.
나는 참 어리석은 사람이었습니다.

내일을 생각하고 산다는 것은
저에게는 사치일 뿐이었습니다.
'오늘 하루 쓰러지지 말고 살자'
나의 간절한 소망입니다.

벌써 한 해가 저물어 가려고 합니다.
여러분들의 삶의 모습 속에서
사랑을...

소중함을...
고마움을...
희망을 배웠습니다.

모든 것을 다 잃고 나서야
진정 필요한 것을 얻었습니다.
오늘은 너무 기쁘고 행복해서 눈물이 납니다.

고맙습니다.
그리고 사랑합니다.

(예전에는 마음으로 살지 못하고 겉치레로 살았었는데, 몸과 마음이 '공황'상태에 빠져서 모든 것을 잃어버리고 나서야 진정한 사랑과 감사함이 무엇인지를 알게 되었다. 그리고 나는 가장 힘들었을 때 도움을 주신 분들 덕분에 철들게 되었다. 그분들에게 감사의 마음을 전하고 싶은 생각에 적다.)

저절로

한 생명의 탄생을 알리는 소리는
위대하고 거대하다.
하지만 한 번도 배우거나 연습해서 태어나지 않는다.
웅장한 심장의 소리와

숨 쉬는 소리는

다른 사람들에게 멋지게 보이려고

의식하면서 억지로 조절해가며 뛰는 것도 아니다.

그냥 저절로 되어가는 것이다.

가끔씩이라도 ...

모든 것을 내려놓고

진리의 흐름 속에

우리를 던져보면 어떨까?

(예전에 나는 다른 사람들에게 멋지게 보이려고 많은 것들을 의식하면서도 정작 나 스스로의 모습은 잊고 살았었다. 어느 날 산다는 것은 인위적으로 만들려고 해서 되는 것이 아니라 저절로 되어갈 수 있도록 조화로움만 잃지 않으면 된다는 것을 선물로 받게 되었다.)

비나이다.

오늘도 양심을 버리고

허기를 채우기보다는

굶주림을 느끼면서도

양심을 지킬 수 있도록

비나이다.

오늘도 헛된 망상에 젖어
부귀영화를 꿈꾸기보다는
가난하지만 가야 할 길을 갈 수 있도록
비나이다.

오늘도 보면 볼수록 괴로운 사람이기보다는
멀리 있어도 향기가 나는 사람으로
살아갈 수 있기를
비나이다.

오늘도 나의 가슴에 큰 하늘이 자리하며
살아갈 수 있기를...

하늘에 계신 모든 천지 신령님
부처님
예수님
성모 마리아님께
빌고 또 비나이다.

(숨이 쉬어지지 않고 머리가 터질 것 같은 고통은 나에게 사사로운 욕망만을 추구하면서 살아가기보다는 진정한 하늘의 의미를 잊지 않고 살아가야 함을 가르쳐 주었다. 오늘도 내 안에 그런 마음이 항상 있기를 간절하게 바라면서 적다.)

칼바람의 끝을 세우다

몇 년 전 오늘은 대관령의 새벽이슬이
칼바람이 되어 나를 가르던
그 날이다.

한 치의 오차가 없어야.
한 치의 망설임이 없어야.
정확하게 베어버릴 수 있었던
그 날이다.

사사로움으로부터,
욕망으로부터,
헛된 망상으로부터,
단호했던 그 철저한 몸짓이...

시간이 흐른 지금에는
나의 심장으로도
칼바람의 끝을 무디게 만들어 버릴 것 같은
나의 오만함과 나태함이 화살이 되어
나를 관통하는구나!

아! 슬프구나!

아! 괴롭구나!

이제 다시 흔들리지 않는 칼바람의 끝을 세워 보리라.

(사사로움과 욕망 그리고 헛된 망상들로부터 단호하고자 했던 맹세는 시간이 지나가
면서 나태해졌다. 다시 한번 의지를 내면서...)

나에게 보내는 편지

예전에는 참으로 많이 아팠다.

젓가락질할 힘도 없을 정도로...

겨우겨우 밥 한 수저,

그 옆에 반찬 하나,

그것도 힘들면 단식...

매 순간 살얼음을 걸었던 삶

착한 사람으로 살겠습니다.

더욱 열심히 살겠습니다.

기도하고...

열망하고...

하늘은 덤으로 사는 기회를 한 번 더 주셨다.

시간이 지난 지금에는

모든 것을 잊어버리고

삶에 대한 거만함,

오만함,

이중성,

나태함만을 간직한 듯하다.

참으로 더러운 나의 두 모습이다.

오늘부터 다시 간절함과 진실함으로

나 자신을 만나는 시간을 가지며 살아야겠다.

(죽을 만큼 아팠던 시절의 다짐은 어디론가 사라지고 거만함, 오만함, 이중성만을 가지고 있는 것처럼 느껴지는 나의 모습에 실망감과 함께 다시 한번 간절한 의지를 가지고 살아보려는 마음으로 적다.)

침묵의 행복

'신성의 별빛이 차 한 잔 하자'고 한다.

'침묵으로 차 한 잔 하자'고 한다.

건네받은 찻잔 속에 비친

별빛의 눈부신 마음을 읽으며

차 한 모금에 신성의 마음을 받아 섬기고

나의 온몸으로

그 향기를 느끼어 보네.

어느새 나의 몸은 별들의 축제의 장이 되어

한없이 기뻐하네.

내려놓은 찻잔에 나의 마음을 담아서

별빛에게 손짓하네.

또다시 채워지는 찻잔 속에서

별빛의 숨결을 느껴보네.

깊고 넓은 찻잔 속 한가운데에

하염없이 밀려오는

황홀함이 사라질까봐

발만 동동 구르네.

('공황'을 극복하려는 마음으로 매일 명상을 했을 때가 있었다. 그러던 어느 날 인도에서 요가 수행을 하고 오신 선생님과 차를 마시면서 적다.)

아침의 소리

새벽에 새소리와 바람소리는

나의 눈을 뜨게 하는 소리

닭의 울부짖는 소리는

깊은 잠에 빠져 허우적거리는 영혼에게

내 인생의 친구 공황장애

생명을 불어 넣어주려는 소리

나무들의 부산한 몸부림의 소리는
지쳐있는 육신을 일으켜 세우려는 소리

오늘도 그들이 있어서
내가 사는구나!

(살아간다는 것은 나 혼자만의 힘으로 되는 것이 아니라. 모든 만물의 도움으로 '내가
살아갈 수 있다.' 라는 사실을 알게 되었다. 그런 마음을 느끼게 해준 '공황'에게 감사한
마음으로 적다.)

나를 철들게 하는 꽃

아저씨!
아저씨!
어디선가 나를 부르는 소리
정신없이 앞만 보고 가는 나에게
바지자락 붙잡으며
자기를 보아 달라 애원했건만
냉정하게 바람 속으로 던져버린
그의 떨리는 손

가던 길 다시 올 때는 원망이라도 할 만한데

멀리서부터 반짝이는

황금 빛깔 등대가 되어서

나의 발길을 반기네.

(4월경 산행을 하는데 길가 옆에 피어있는 '피나물'이 정상을 향해서 앞만 보고 가는 나에게 진정한 사랑이 무엇인지를 가르쳐 주었다. 그 마음을 적다.)

산다는 것도 살아야 하는 것도...

산다는 것도

살아야 하는 것도 잊은 채

정처 없이 거닐던 세월이

산 중턱에 걸려 있네.

힘내라고 정상에서 마중 나온 바람이

내밀어 준 두 손

떨리는 가슴 부여잡고 가다보니

이제야 알 것 같네.

산다는 것을...

살아야 하는 것을...

(어떻게 살아야 하는 것인지를 잊어버리고 살다가 '공황'을 친구로 알게 되었다. 어느 날 문뜩 삶을 산다는 것과 살아야 하는 이유를 생각하게 되어 그 마음을 적다)

아름다움이란?

하늘과 땅 사이에 춤을 추고 있는
저 넓은 들판의 이름 모를 풀들을 보라!
비어 있으면서도 틈이 없지 아니한가.
사람들은 두려움과 불안의 대가로
그 넓은 공간을 욕망으로 가득 메우려한다.
바라만 보고 있어도
아름다움을 창조할 수 있는데도 말이다.
사랑과 평화 그리고 행복을 꿈꾸는 것은
지나친 욕심일까?
(예전에 내가 그랬던 것처럼 사람들은 마음의 고향을 잃고, 외롭고, 허전하고, 공허함에 아파하고 스스로에게 위로를 하듯 새로운 욕망들을 찾으려 애쓴다. 끊임없는 욕망은 시간이 갈수록 본래 내가 가지고 있던 본성으로부터는 멀어진다는 사실을 '공황'이라는 아픔을 통해서 알게 되었다. 오늘만이라도 가장 아름다운 삶을 살고 싶다는 마음으로 적어본다.)

물이 모여 바다가 되듯이...

계곡을 보라!
갓 태어난 아이처럼 맑고 깨끗하고 신령스러우며
거슬러가기 힘들 정도로 빠르며
심장이 터질 듯 요동치는
저 거친 생명력을 보라!
우리의 어린 시절이 아니던가?

강물을 보라!
깊은 곳도 있지만
가끔은 물이 빠져 속이 보이는 곳도 있고
필요한 곳을 찾아서 생명수를 보내주기도 하고
때때로는 가뭄에 대비해 물을 저장하기도 하고
장마철 홍수와 비바람 치는 태풍을 맞이할 때면
온몸이 만신창이가 되어도
감당해야 하는 많은 일 때문에
묵묵히 지켜내야 하는 저 처절한 몸부림을 보라!
우리의 중년 시절이 아니던가?

바다를 보라!
할머니의 마음처럼 잔잔하고 깊지만

내 인생의 친구 공황장애

가장 낮은 곳에 있어서

계곡과 강물을 담아야 하고

온갖 더럽고 흉물스러운

모든 것들을 받아들이고 수용하여

깨끗하게 정화하고

가끔씩 큰 파도가 올 때면

생과 사의 경계에서 어찌할 수 없는 운명을

진리의 흐름 속에 내 던져야 하는

떨리는 숨결의 소리를 보라!

우리의 미래가 아니던가.

(어느 날이었다. 계곡과 강물 그리고 바다로 흘러가는 물을 생각하면서 우리들의 인생과 비슷하다는 느낌을 받게 되어 적어본다.)

참회합니다.

내가 가야 할 길이 여기에 있거늘

거추장스럽고 가식적이며

욕망과 탐욕적인 사사로운 감정 속에서

나를 찾으려 했던 어리석음을 참회합니다.

이제라도 가야 할 길을 찾았기에

고마운 마음으로 가려고 합니다.

그곳을 향한 올곧은 마음 하나로 가려고 합니다.

(세상을 살아가는 방식들은 사람마다 모두 다르다. 어떤 사람들은 자신에게 맞지 않는 옷을 입고서도 가장 행복한 척하면서 살아가고, 또 어떤 사람은 겉으로 보일 때는 소박하고 일반적인 모습처럼 보이지만 진심으로 행복해하면서 살아간다. 이제 비로소 나도 가장 잘 어울리는 인생의 옷을 조금씩 찾아가고 있어 행복한 마음으로 적다.)

기도합니다.

이제라도
간절함으로
당당함으로
올곧은 마음으로
무소의 뿔처럼 묵묵히 걸어가고자 합니다.

덤으로 사는 남은 시간들을 사람들에게
희망과 밝음의 빛으로 다가갈 수 있도록 간곡히 기도합니다.

(하늘은 나에게 덤으로 사는 시간을 주었다. 주어진 사명을 망각하지 않고 매 순간마다 깨어있는 의식으로 살아갈 수 있기를 바라면서 적다.)

내 인생의 친구 공황장애

'공황장애'를 겪으면서 도대체 '나에게 왜 이런 일이 생긴 것일까?' 라는 물음을 스스로에게 묻곤 하였다. 시간이 많이 지난 뒤에서야 모든 원인이 타인이 아닌 나의 내면에 있다는 것을 알았고, 그 사실을 알고 난 이후부터 공황의 원인인 원망과 분노는 조금씩 사라져 갔다.

내면의 소리를 담은 글을 일기장에서 몇 개 모아 본다.

일기장에 숨겨 놓은 이야기 중에서...

아름다운 세상임을
가르쳐 주다

나에게는 감사하게도 가장 힘들었던 시기에 진심으로 함께 해주신 분들이 계셨다. '공황장애'로 아파하시는 분들에게 힘든 일이 있을 때면 혼자서 괴로워하지 말고 도움을 청해도 될 만큼 세상은 아름다운 곳이라고 말해드리고 싶다. 그런 뜻으로 도움을 받았던 몇 분들을 소개하고자 한다.

2016년 어느 날이었다. 몸과 마음이 힘들었을 때 쉼터 역할의 공간으로 사용했던 건물이 매매되었다며 건물주께서 이사해 나갔으면 좋겠다고 하셨다. 그동안의 많은 일이 스쳐 지나갔다. 이곳은 나를 새롭게 태어날 수 있도록 만들었고, 좋은 사람들과 아름다운 추억을 만들었던 공간이었는데 정말 아쉬웠다.

경제적으로도 다른 곳을 정해서 갈 형편이 안 되었기 때문에 많은 고민이 되었고, 해결책을 상의하기 위해서 어머니께서 오래전부터 다니셨던 절의 주지 스님을 찾아가 뵈었다. 사정을 말씀드렸더니 스님께서는 감사하게도 절이 있는 옆 공터에서 컨테이너를 놓고 생활할 수 있으면 해 보라고 말씀을 하셨다.

다음날 오래전부터 알았지만 아프고 난 이후 사회활동을 줄이는 바람에 자주 연락하지 못했던 건축 관련 공사와 컨테이너 제작과 판매를 하시는 E 형님에게 전화를 걸었고, 사정을 말씀드렸더니 컨테이너 설치가 가능한 장소인지를 현장을 보고 결정하자고 하셨다.

약속한 날에 함께 현장을 보시고는 설치는 가능하다고 하시면서 이렇게 컨테이너로 설치하지 말고 차라리 원룸을 알아보면 좋겠다는 말씀을 하셨다. 나는 그렇게 하기는 경제적으로 힘들다고 말씀드렸더니 월세는 자신이 일 년에 한 번씩 계산하여 주시겠다고 하시는 것이었다. 나는 E 형님에게 왜 그렇게 해주려고 하는지를 물었다. E 형님께서는 몇 년 전 이야기를 하셨다. 어느 날 점심시간이 훨씬 지난 오후 3~4경에 식사를 하려고 식당에 들어갔는데 내가 혼자서 식사를 하고 있었다는 것이었다. 그런데 식사를 마친 내가 나가면서 자신의 식사비용까지 계산하고 나갔다는 것이다. 그날을 생각하면 마음이 너무 괴로웠단다. 그 이유는 사람들에게 내가 많이 아파서 사업과 모든 활동을 정리하였다고 들었는데, 자신이 식사비용을 결재하지 못하고 오히려 내가 하게 했다는 것에 대한 미안함이 있었다는 것이다. 이 말씀을 듣고는 이렇게 마음이 따뜻한 사람도 있구나! 라는 생각에 갑자기 눈물이 핑 돌았다.

그 E 형님의 배려로 투룸에 들어갈 수 있었고, 그곳에서도 나름 열심히 생활을 하며 몸과 마음을 조화롭게 만들기 위한 일들을 계속할 수 있었다.

또 소개할 분은 2005년 갑자기 찾아온 심장이 터질 것 같은 통증과 한쪽 머리가 마비될 것만 같았던 '공황발작'의 증상으로 A 친구 한의원에서 대학병원 응급실로 가면서 '아, 이러다가 죽는구나!' 라는 생각이 들 때 가장 먼저 생각이 나서 전화를 했고, 가장 먼저 달려와 준 사람은 피자 체인점 사업과 식품 관련 유통 사업을 크게 하시는 F 형님이시다.

예전에 사업할 때에도 F 형님과는 거의 하루에 한 번꼴로 얼굴을 보면서 그날에 있었던 여러 가지 일들을 이야기하였고, 사람들에게는 친형이라고 소개할 정도로 가까웠던 형님이었다. 그리고 형님이 사업을 할 시기에 급하게 현금이 필요하다고 말씀을 하실 때에는 내가 운영하는 회사의 자금이 통째로 들어있는 통장과 도장을 가져다가 줄 정도로 신뢰하는 F 형님이다. 2009년 아파트를 정리하고 월세방으로 이사할 때에는 "니가 어떻게 그러한 월세방에서 살려고 그러냐!" "내가 아파트를 마련해 줄 테니 그곳에서 살아라." 라고 말씀을 하면서 눈물을 글썽거리던 분이다. 지금까지도 나의 여러 가지 힘들고 어려운 일들이 있을 때면 항상 먼저 손을 내밀어 주시고 계신다.

이번에는 A 친구를 소개하고자 한다. 한의사로서 환자들의 쾌유를 진심으로 생각하며, 항상 환자 입장에 서서 진료를 하는 마음이 따뜻한 친구이다. 내가 첫 공황발작이 심하게 일어나 대학병원 응급실에 갈 때도 진료를 하던 환자들에게 양해를 구하고 함께 해주었던 친구이다. A 친구는 항상 나의 건강에 대한 상담과 진료를 해주었고, 내가 왕성하게 활동하던 시절에 봉사단체 회장으로 취임을 하던 자리에서 내빈 소개를 하면서 나의 영혼의 스승이라고 소개를 할 정도로 내가 좋아하는 A 친구이다.

또 다른 분을 소개하면, 내과 전문의로서 나와 아이들의 건강을 항상 챙겨주셨고, 막내아들이 축구를 할 수 있도록 많은 관심과 후원까지도 해주셨던 병원 G 원장님이 계신다.

마지막으로 한 분을 더 소개하면 한약과 양약을 조화롭게 처방을 해서 많은 사람들의 몸과 마음을 살리고 계시고, 나에게 한약 관련 공부를 열정적으로 가르쳐 주셨던 고마운 B 형님이 계신다.

이외에도 많은 분들이 정말 힘들었지만, 결코 힘들지 않게 지금까지 올 수 있도록 관심과 격려를 해주셨으며, 앞으로 더욱 잘 살아가야 되는 이유를 가르쳐 주셨다.

이처럼 '공황'을 겪는 과정에서 하늘이 선물로 보내주신 분들에게 이렇게라도 감사와 고마움의 편지를 보내고 싶다.

"햇살이 스며드는 이른 아침에 마음의 세상을 열 때면 설렘으로 다가온 그 사람, 따스한 오후에 마음이 세상을 움직일 때면 희망으로 다가온 그 사람, 붉은 노을조차도 깊이 잠든 늦은 저녁에 마음이 세상을 닫을 때도 그리움으로 다가온 그 사람, 그 사람이 참으로 그립다."

윗글은 일기장 속에 숨겨 놓은 이야기이다. 가장 힘든 시기에 철부지

소년처럼 세상을 원망하며 투정을 부릴 때면 따뜻한 분들께서 나의 손을 잡아주시면서 세상은 아직도 '아름답다'라는 것을 가르쳐 주셨다. 그분들에게 일기장 속 이야기들을 담아서 감사하고 고마움을 전해 본다.

일기장에 숨겨 놓은 이야기 중에서...

내 인생의 친구 공황장애

몸과 마음의 감각이
다시 살아나다

까치야

홑겹 하나 걸치지 않고
한 겨울의 메마른 가지 위에서
홀로 앉아 슬피 우는 까치야!

평생 함께 하자던 임 떠나보내고
'무심코'라도 뒤돌아볼까
애써 기다리며 슬피 우는 까치야!

나뭇가지 끝에 거꾸로 서 있는 고드름이

너의 눈물인가 보구나!

(어느 날, 집 근처 천변을 걷다가 나뭇가지 위에서 짝을 잃고 홀로 앉아 있는 까치를 보면서 적다.)

바람이고 싶다

한 겨울
바람결에 춤을 추는 나뭇가지의 애절한 춤을
그대는 아는가!

내리는 황홀한 눈조차 어깨 위에 앉을까봐
외면하고 싶은 마음을
그대는 아는가!

차라리 바람이고 싶다.
외면을 외면하고 싶은 바람이고 싶다.

(집 근처 천변을 걷고 있었다. 바람에 흔들리는 나뭇가지의 모습을 보면서 수시로 찾아오는 '공황'의 증상들을 감당하면서도 세 명의 아이들과 현실적·정신적 부분들까지 견디어야 하는 나의 상황이 비슷하다고 느껴져서 적어본다.)

내 마음의 새싹을 꿈꾸며

다시는 오지 않을 것 같은
싸늘함으로 가버린 임이
새색시의 풋풋한 가슴처럼
향긋한 새싹이 되어 돌아왔네.

귀는 있으나 들을 수 없는 사람들에게,
눈은 있으나 볼 수 없는 사람들에게,
코는 있으나 향기를 맡을 수 없는 사람들에게조차도
온 몸을 던져 희망의 씨앗을 심으려 하네.

죽어야 사는 것을 아시는 임은 또다시 가버릴 텐데...

내 마음의 새싹은 언제나 볼 수 있을까?
　(혹독한 겨울을 견디고 봄에 다시 피어나는 새싹을 보면서, 자신은 희생하더라도 사람들에게 희망의 불씨를 밝혀주려는 마음을 느끼게 되었다. 그런 마음을 닮고 싶어서 적어보다.)

몸부림치는 소리

띵!
띵!
띠띵! 띵!
가로등 철판 모자 위에서
홀로 앉아 있는
하얀 빛깔 여인의 아프다고 몸부림치는 소리,
세상살이 신난다고 노래하던 때가 엊그제 같은데
이제는 떨어지는 빗물의 멍석이 되라하네.

(비오는 날이었다. 도서관 창밖으로 보이는 가로등 위에 있는 새의 모형을 보면서 나의 세포들이 살아나는 것 같은 느낌이 들어 적어보다.)

그리움

그녀가 울고 있네.
스치는 바람에도
떨어지는 낙엽에도

덩달아 흘러내린
가슴 속 눈물 자국 닦아보지만

그녀 향한 그리움만 쌓이네.

(어느 날, '서낭'으로 사는 것이 너무 힘들다고 찾아오신 지인분의 친구를 생각하면서 적다.)

눈물

오늘은 눈물이 납니다.

다 메말라 버렸을 것 같은 눈물이

나의 두 뺨을 적십니다.

왜 그럴까

왜 그럴까 하면 할수록 더욱 많이 납니다.

차창 틈 사이로

쳐다보고 있는 아들의 눈에 비친

나의 모습을 보고 있노라니

눈물이 납니다.

하염없이 말입니다.

(감당하기 힘든 여러 가지 일들이 동시에 생기면서 세 명의 아이들은 방황과 갈등의 시간들을 많이 보냈었다. 그중에서도 가장 어렸던 막내아들을 생각하면 마음이 짠했다. 그래서 그런지는 모르겠지만 뭐든지 해주지 못해 '미안해'하는 내 모습을 아들의 눈빛을 통해서 보고 있노라니 눈물이 나서 적어본다.)

닮고 싶은 마음

사람도
자연도
저울질을 한다.
사람들은 이기심을 위한 저울질을 하고
자연은 모든 현상을 조화롭게 만들기 위한 저울질을 한다.
아! 창피하다.
언제쯤 자연의 마음을 닮아갈 수 있을까?

(언제나 조화로움으로 이끌어가는 자연 앞에만 서면 부족하게 느껴지는 나의 모습을
보게 된다. 오늘도 자연의 마음을 닮고 싶은 마음에 적어 본다.)

떠나시렵니까!

이제 떠나시렵니까!
나를 남겨두고 떠나시렵니까!
풍성한 마음만을 남겨두고 빈손으로 떠나시렵니까!
죽어야 산다는 것을 아시는 당신의 마음을 알기에
차마 붙잡지 못하는 찢어지는 나의 마음을
당신은 아시렵니까!

(어느 날 가을이었다. 가을을 보내야 하는 가슴 아픈 나의 마음이 느껴졌다. 그동안에

메말라버린 것 같았던 나의 마음이 조금씩 치유가 되어가고 있는 것을 알 수 있었고, 감사한 마음에 적어본다.)

떠나는 가을은 어디로 갈까

아스팔트 위에 뒹굴어가는 낙엽이
거친 비바람을 맞으며
살려 달라 애원하네.
걱정되어 너의 고향 어디냐고 물어보지만
비바람에 찢긴 상처를 부둥켜안고 눈물만 흘리네.
잠시 잠깐 숨을 돌리며
바람결에 놓쳐버린 엄마 찾아 간다 하네.
어찌할꼬
어찌할꼬
발만 동동 구르네.
(가을날 길을 걷다가 떨어지는 낙엽을 보면서 적다.)

지는 꽃을 보며

흩날리는 바람에도 하얀 속살 내비칠까!

수줍어하며 총총거리던 소녀였는데...

이제는

한 잎 두 잎 떨어지는

치마 옷조차도

풀어헤치며 보아 달라고

애원하며 슬피 우는

임이여!

우리 다시 사랑할 때는

지지 않는 꽃이기를...

향기 없는 꽃이기를...

(매일 산행을 할 때 길가에서 보았던 아름다운 꽃이 어느 날에 보니 시들어버렸다. 그 모습을 보면서 적다.)

봉황의 눈물

지난 밤 긴 어둠에도

홀로 견디어왔을 임이여!

바닥까지 흘러내린 눈물은

감사의 눈물인가!

슬픔의 눈물인가!

모든 것을 던져 버리고

호숫가 위에 홀로 앉아

미소 지으며 품으로 들어오라고

손짓하는 임이여!

(연못가에 있는 봉황탑을 보고 있노라니 마치 연못이 봉황이 흘린 눈물로 연상되었다.

이날은 그동안 내가 힘들었던 감정들이 다시 살아나면서 그때의 느낌을 적다.)

안개 속에 봉황각

어머나!

웬일일까

아침마다 웃어주고 반겨주던 그녀였는데

오늘은 하얀 치맛자락 뒤집어쓰고

우는 걸까?

자는 걸까?

지나가는 새들도

호수의 분수도

덩달아 나의 발걸음도

숨죽이고 있는데...

야단치는 엄마처럼

인정사정 볼 것 없이 치맛자락 걷어가는

얄미운 저 햇살

애써 눈을 비벼보지만

흘러내린 눈물 자국은 지워지지 않네.

(행복하다가도 가끔 우울해지는 날이 있다. 이런 날에는 투정도 부리면서 엉엉 울고
싶을 때도 있었다. 그런데 그러지 못하고 행복한 척하면서 살아왔다. 오늘 봉황각의 모습
은 이런 내 모습처럼 느껴졌다.)

인생은 바람인가 봅니다

어제는 바람이 이리로 가라 하더니

오늘은 바람이 저리로 가라 한다.

눈 덮인 벼랑 끝에 칼바람이

화살 되어 날아오던 때가

엊그제 같은데...

이제는 바람이 내가 좋은가 보다.

바람아!

이제 또 다시 어디로 가야 하는가?

(가끔은 내가 가야되는 길조차도 판단하지 않고, 누군가 가르쳐주는 대로만 했으면 좋
겠다는 생각을 하게 된다. 오늘은 참 많이 '힘들다'라는 생각에 적어본다.)

내 인생의 친구 공황장애

하늘

걱정이 많으면 하늘을 보고

화가 많이 나도 하늘을 보고

슬픔이 있어도 하늘을 보네.

좋지 않은 일이 있어도 하늘만 보네.

하늘은 우리 엄마

슬픔이 지워지는 것도 아니고

맘이 다시 좋아지지도 않지만

늘 바라보게 되는

하늘

(막내아들이 중학교 2학년 때 글쓰기 대회에서 쓴 글이다. 학교 1층 로비에 액자로 만들어 놓았던 글을 내가 적어본다.)

"몸이 힘들면 마음에게 마음이 힘들면 몸에게 손짓하라! 몸과 마음은 서로를 위로하며 살아가야 하는 영원한 친구이다."

윗글은 일기장 속에 있는 이야기이다. 힘들고 괴로울 때는 세상은 온통 부정과 타락만이 존재하는 혼란의 세상이라고 생각을 했었다. 그러나 몸과 마음이 조금씩 치유가 되다 보니 세상은 순수하고 아름다운 영혼들의 쉼터라는 것을 알게 되었다. 몸과 마음의 감각이 다시 살아나면서 적어놓았던 일기장 속의 이야기를 몇 개 꺼내 본다.

일기장에 숨겨 놓은 이야기 중에서

원망이 아닌
감사함을 알게 되다

축구 때문에 충남으로 고등학교를 다녀야 했던 막내아들이 일주일에 한 번 오는 날이었고, 둘째 아들도 동생과 함께 좋아하던 축구를 할 수 있는 날이었기에 서로가 기다리게 되는 어느 여름 날 저녁이었다.

체련 공원 축구장 한쪽에서 축구를 재미있게 하고 짐을 챙겨 축구장 관람석을 걸어갈 때였다. 바로 앞서가던 둘째 아들이 공을 가지고 가다가 놓쳐서 관람석 아래로 굴러가는 공을 잡기 위해 달려갔다. 순간 쿵 소리와 함께 앞서 달려가던 둘째 아들은 뒤로 넘어지고 말았다. 관중들의 햇빛을 가리려고 쳐 놓은 천막이 있었는데 그 천막을 지지하기 위해 설치된 가로로 된 기둥에 코 부위를 부딪쳐 뒤로 넘어지면서 머리를 콘크리트 바닥에 부딪친 것이었다. 얼른 달려갔고 축구장을 밝혔던 조명의 불빛은 꺼졌기에 희미한 달빛에 의지하며 둘째 아들의 상태를 살펴야 했다. 이 일을 '어찌해야 하는가?' 아들의 머리와 입에서

내 인생의 친구 공황장애

는 무언가가 달빛에 비쳐 반짝거리는데 나의 손은 차갑고 무서운 느낌의 물기가 흥건해지는 것을 느낄 수 있었다. 가지고 있던 수건으로 입과 코에 흐르는 피를 막으면서 정신이 약간 혼미해지는 아들을 부축이면서 달렸다.

마침내 차 안에 와서 실내등을 켜고 둘째 아들의 상태를 확인할 수 있었다. 혓바닥의 3분의 2 정도가 절단된 것을 알 수 있었다. 그 순간 공황발작으로 경험했을 때와 비슷한 터질 것 같은 심장의 숨소리는 평상시 보다 두 세배 이상이 된 것 같은 느낌이 들었다. 이러한 느낌을 알았는지 둘째아들이 "아빠! 나는 괜찮아요. 너무 걱정 말아요." 라고 말하는 것이다. 그 말을 듣고는 '침착하자! 침착하자!'를 스스로 외쳤고, 나도 모르게 '아! 119'라는 소리와 함께 달리는 차 안에서 스피커폰으로 119에 통화를 시도했다. 지금 아들이 이러한 상황인데 어떻게 해야 하나요? 라면서 가장 신속한 방법을 찾으려 했었다. 그러던 중에 갑자기 축구장 근처에 소방서가 있다는 사실을 깨닫고 통화를 계속하면서 그곳으로 향했다. 도착해서 구급 대원에게 설명하였고, 대학병원에 가면 여러 가지 절차가 있을 수 있으니 근처 응급실이 있는 병원으로 가면 좋겠다는 구급대원의 조언에 따라 그곳으로 향했다. 아마도 구급대원은 몇 바늘 꿰매면 되는 것으로 판단했던 것 같다.

병원 응급실에 도착하여 설명을 듣던 담당 의사 선생님은 혓바닥도 많이 절단되었고, 머리를 심하게 다쳤기 때문에 혹시 머리를 검사해야 할지 모르니 아예 빨리 대학병원 응급실로 가야 한다는 말씀이었다. 하늘이 무너질 것 같았고 나의 몸은 더욱 심하게 떨리고 있었다. 옆에 있던 막내아들이 자신의 형보다는 나를 더 챙겨야 하는 상황이 되었다. 구급대원은 우리보다도 더 당황해하며 죄송하다는 말과 함께 대학병원으로 향했다. 도착하여 머리 CT 및 여러 검사를 해 놓고, 혀의 상태를 확인하면서 바로 수술하기 위해서 수술실로 옮겨져야만 했다. 한참의 시간이 지났을까? 여러 가지를 확인하고 열세 바늘을 꿰매고 나오는 의사 선생님은 "걱정하지 마시고 머리만 결과를 확인하고 가세요." 라며 떨고 있는 나를 보고 위로하시는 것이었다. 혼자서 세 명의 아들과 함께 힘든 시기를 견디고 온 나는 둘째아들이 다친 이런 상황들이 나의 부족함 때문에 생겼다는 생각에 스스로 죄책감에 빠져들었다.

잠시 후 결과가 나왔다. 코뼈와 머리에는 특별한 이상은 없다는 것이었다. 모든 것이 감사했다. 응급실에 있는 내내 둘째 아들은 "아빠! 나는 괜찮아요." 라는 말을 수십 번을 한 것 같고, 막내아들은 이럴 때일수록 아빠가 침착해야 한다며 계속 내 옆에서 떨리는 손을 잡아주었다.

때로는 나도 아픈데 아이들까지 감당해야 하는 현실을 힘들어하며 원망하기도 했었는데 오늘에서야 내가 아이들을 살펴온 것이 아니라, 아이들이 나를 챙기고 보살피면서 항상 용기와 응원을 해주면서 왔다는 사실을 알게 되었다. 오늘도 한없이 미안하고 감사하다는 생각이 든다.

"예전에는 내가 아이들을 보살피는 줄로만 알았다. 그래서 가끔씩은 사소한 서운함에 원망하기도 하고 투정을 부려 보기도 하였다. 시간이 많이 지난 지금에는 오히려 아이들에게 보살핌을 받고 있다는 느낌이 든다. 철없던 나의 모습이 참으로 창피하다."

일기장에 숨겨 놓은 이야기 중에서

멈춤에서
행복을 찾다

세월 따라

세월 따라 가고 싶네...

슬픔의 세월 따라

가고 싶네.

기쁨의 세월 따라

가고 싶네.

그저 세월 따라

가고 싶네.

낯선 시냇가에 정처 없이 흐르는 종이배처럼

아무 생각 없이 그냥 세월 따라

가고 싶네...

내 인생의 친구 공황장애

(오늘도 '공황'은 나에게 무언가 해야만 된다는 강박으로부터 벗어나 자연의 이치에 순응하면서 살아가는 방법을 선물로 가르쳐 주었다.)

산

예전에는 정상에서만 쉬는 줄 알았다.
가다가 힘들다고 쉬면 안 되는 줄 알았다.
요즘에는 갈 만큼만 가다가 온다.
가다가 힘들면 쉬기도 한다.
너무 많은 욕심도
너무 적은 욕심도
사치라는 것을 나에게
가르쳐 주는 산이 있어서
참으로 고맙다.

(어느 날 산행을 하면서 '공황'이 생기게 된 원인 중의 하나인 나의 강박적 마음을 볼 수 있게 되었다. 가장 행복한 순간은 이러한 강박적 마음을 내려놓은 순간에 찾아온다는 것을 알게 되어 그 마음을 적어본다.)

숨

새소리가
나의 숨으로 들어온다.

바람소리가
나의 숨으로 들어온다.

나무들의 소리도
나의 숨으로 들어온다.

나의 숨도 그들에게 다시 가려 한다.

들숨이 날숨보다 조금 더 길어진다.
나의 이기적인 생각 때문일까?
마치 보물을 감추듯 남겨 놓으려는 것은 아닐까?
그들은 나의 이런 모습을 보고 웃고만 있다.
창피하다.

이젠 숨소리에 리듬이 느껴진다.
들숨과 날숨이 만나는 찰나에
서로에게 미소 지으며 웃고 있다.

내 인생의 친구 공황장애

어느새 나의 숨소리가

새와 바람 그리고 나무들의 날숨이 되어

나에게 다시 돌아온다.

('공황'을 극복하려고 새벽마다 산 정상에 올라가 명상을 100일 동안 했던 때가 있었다. 그날의 행복했던 느낌을 적다.)

茶향

어느 날

가슴 속 작은 틈으로

살며시 다가와

하염없이 웃어주던

茶향

그대는 사랑이어라!

(어느 날부터 나의 진정한 친구가 되어 준 차의 향기에게서 사랑을 느꼈다. 그 느낌을 적어 본다.)

별님에게

참 많이 사랑합니다.

당신의 진실하고 순수함을 알기에
바라보고 있는 것만으로도 행복합니다.
당신은 참으로 빛나는 아름다운 별입니다.
매순간 고운 빛에 취해 하루를 보냅니다.
사랑합니다.
별님!

(어느 날 늦은 밤에 축구부 숙소로 막내아들을 만나러 갔다. 아들은 항상 그랬던 것처럼 오늘도 운동장 조명 불빛 아래서 축구공을 친구 삼아 놀고 있었다. 자신이 좋아하는 꿈을 위해 최선을 다하는 모습은 나에게 밤하늘의 아름답고 밝게 빛나는 별님처럼 느끼게 하였다. 가슴 속에 별님을 영원히 간직하고 싶다는 마음으로 적다.)

별 하나

가슴에 별 하나 있네.
보면 볼수록
만지면 만질수록
커지고
예뻐지고
좋아지는
나만의 별 하나 있네.

(내 안에 불안과 두려움은 조금씩 사라지고 아름다운 사랑이 찾아오기 시작했다.)

내 인생의 친구 공황장애

아지랑이

새벽녘
호숫가에 피어나는 아지랑이
황홀해서
설레어서
누구냐고 물어보니
살며시 다가와
어젯밤 요란했던 어둠이라네.
(아픔과 행복은 항상 공존한다는 생각을 한다. 어느 쪽으로 내가 선택하느냐에 따라 매일 행복할 수도, 매일 아파할 수도 있다는 것을 알았다.)

꽃을 그리며...

나는 꽃이고 싶다.
나를 위한 꽃
나는 꽃이고 싶다.
당신을 위한 꽃
나는 꽃이고 싶다.
우리들을 위한 꽃
꽃을 그리며 오늘을 산다.

(힘든 시기를 조금씩 극복하다 보니 나의 마음에는 행복함이 조금씩 찾아왔다. 나도 행복하면서 상대도 행복하고, 우리 모두가 행복하길 기원하는 마음까지 생기게 되었다.)

백수 해안도로에서...

외롭고 쓸쓸하고 허전함에 빠져
세상의 어두운 저 편에서
그곳이 마치 나의 고향인양 억지로 편안해 했었다.

이제는 조금 알 것 같다.
나의 자리를...
행복하고 아름답고 소중한 나의 사람들을...

그대가 있어 내가 존재하고
그대가 있어 내가 행복할 수 있고
그대가 있어 내가 살아가야 하는 이유인 것을...

백수해안도로 바다 너머로 숨어버린
해님의 마음을 알 것 같다.

오늘도 나는 이렇게 하루를 산다.

내 인생의 친구 공황장애

(이날은 친한 친구와 백수해안도로로 바람을 쐬러 갔다. 생각해 보면 나는 힘들고 지칠 때마다 항상 함께해 준 많은 사람들이 있었다. 나는 참으로 행복한 사람이라는 생각을 하면서 적다.)

연분암 가는 길

새색시의 풍만한 젖가슴처럼 황홀하기도 하고
설레기도 하고
숨이 막혀 버릴 것 같기도 하고
거친 바람에도 꺼지지 않는 촛불처럼
나의 숨소리는 거칠기도 하네.

연분암 가는 길
희망 찾아 걸어가는 길

('공황'을 극복하려고 매일 100일 동안 산행하는 것을 나 자신과 약속했던 때가 있었다. 하루하루를 실천해 가면서 조금만 더 노력하면 극복된다는 생각으로 견딜 수 있었다. 그때의 느낌을 적어본다.)

임이여!

영혼의 굶주림 속에서 방황하던 어느 날
아름답고 순수한 빛으로
다가온 임의 영혼을 아직도 잊을 수가 없습니다.
너무 아름다워서 쳐다볼 수 없었습니다.
임께서 내밀어주신 손을
잡지 못할까 봐 두렵고 힘들었습니다.

임이여!

미안하고
고맙고
감사합니다.

(나의 쉼터 공간이었던 '서낭'을 운영하면서는 내면에 있는 깊은 대화가 잘 통하는 분들도 가끔은 만날 수 있었다. 그날들은 가장 행복한 날이었다. 그날의 행복을 생각하면서...)

새벽에

예전에는 잠시 쉬고 가면

놓쳐 버릴까

잊어버릴까

불안해하고 초조하게 생각했던 나였는데...

그대를 대할 때면

아무 생각 없이 있어보기도 하고

기다려보기도 하고

체념하기도 하고

대가를 바라지 않는 순수함이 생겨나기도 하고...

새벽에 비친 나의 모습에 잠시 잠깐 놀래본다.

(예전에는 강박적 마음을 많이 가지고 살았다. 그런데 요즘은 잠시 잠깐이라도 편안함과 행복함 그리고 기다림을 배워가면서 산다. 오늘도 그런 마음이 생각나서 적어본다.)

등산화

오랜만에 비오는 새벽에 등산화를 찾아 신고서 ○○봉에 올랐다. 등산화와 첫사랑을 시작한 지도 벌써 십여 년이 된 듯하다. 설레는 마음으로 뽐내면서 산행을 했던 때도 있었는데, 너무도 무심하고 외롭고 쓸쓸하게 내팽개쳐버린 자신의 신세를 한탄하면서 심통을 냈다. 너무도 귀엽고 사랑스러워서 잠시 쉬어 내 마음도 달래고, 덜렁덜렁 하게 되어 버린 밑창을 끈으로 묶고 미안하다고 말하며 참회하듯 달래본다. 또다시 한참을 가다 보니 덜렁덜렁 했던 밑창이 드디어 제 몸에서 떨어져 나갔다. 순간 나의 심장은 정지되어 버렸다.

등산화는 십여 년 동안 갈 곳 못 갈 곳 가리지 않고, 때로는 쉬고 싶어도 내가 하고자 하는 대로 말없이 나를 지켜 주었다. 아프고, 외롭고, 힘든 모든 시간들을 내가 무심한 사이 혼자 견디어야 했을 것을 생각하니 마음이 아팠다.

생과 사의 경계에서 손자의 얼굴을 한번 보고 눈을 감고 싶다던 할머니의 마지막 임종의 모습처럼 떠나기 전에 나를 한번 보고 싶었을까?

한 손에는 떨어져 나간 밑창을 들고 한 손에는 우산을 들고 가던 길을 갔다. 정신을 차려보니 벌써 중바위까지 왔다. 오랜만에 이곳에 서 보니 감회가 새로웠다. 사방을 둘러보니 친구인 나무들이 이제는 머리에 흰머리가 제법 보인다. 저기 서있는 키 작은 나무는 너무 오랜만이라며 뭐라고 하면서도 좋아하고, 또 저기 보이는 나무는 아무 말 없이 웃기만 한다. 잠깐을 쉬고 천천히 산을 내려왔다. 얼마나 왔을까 높이가 차이 나는 신발을 신고 절뚝절뚝 내려오는 나의 모습에 웃음이 절로 난다. 오른쪽 발바닥 중앙에서부터 느껴지는 이상야릇한 묘한 기분이 나의 마음을 흥분시킨다. 빗물이 발바닥으로 발목으로 다시 나의 몸속으로 파고드는 것이 아닌가! 참으로 편안하고 포근하고 행복하다. 마치 내 님의 품속과 같아서 이 순간을 놓치고 싶지 않다. 마지막까지도 나에게 행복을 선사하는 등산화에게 저절로 고개가 숙여진다. 한참

내 인생의 친구 공황장애

을 내려왔다. 주차장이 보인다. 여전히 발바닥 나의 친구들은 나를 간지럽히고 있다. '참으로 행복하다.'

(○○봉을 산행하면서 느꼈던 이야기이다. 위 글은 아팠던 시간이 지나고 몸과 마음의 감각이 다시 살아나고 있다는 것을 느낄 무렵에 썼던 글이다. 지금도 마음의 감각이 탁해질 때면 읽어보곤 한다.)

헤럴드 블룸필드외, 『상실과 치유의 심리학』 중에서 "행복은 언제나 내가 선택하는 것이다. 그것이 바로 인생의 진실이다." 라고 말하고 있다. '공황장애'를 만나기 전까지 산다는 것은 앞만 보고 열심히 살아가기만 하면 되는 줄 알았고, 잠시라도 멈추면 모든 것이 순식간에 사라지는 것으로 생각했다. 하지만 실제로 멈추어서 보니 더 많은 행복이 다가오고 있었다. 일기장 속에 있는 행복이야기를 적어 본다.

일기장에 숨겨 놓은 이야기 중에서...

살아가야 하는 이유와
살아야만 되는 이유를 찾다

막내아들이 초등학교 5학년 말쯤에 교육청 장학사님으로부터 전화가 왔다. 이유를 물었더니 초등학교 선생님께서 막내아들이 달리기를 잘한다며 육상선수로 추천을 하였다고 말씀하시며, 본인도 막내아들이 달리기하는 것을 보았다는 것이었다. 장학사님 말씀은 교육청에서 하는 모든 지원을 해줄 테니 학교 수업이 끝나면 도 대표 육상선수들이 있는 곳에서 함께 운동시켜 보면 어떻겠냐는 것이었다.

며칠이 지나자 이번에는 도 대표 육상코치님께서 전화를 주셨고, 꼭 막내아들은 운동을 시켰으면 좋겠다는 이야기였다. 그 이후에도 여러 번의 통화를 하였고, 일단은 막내아들과 함께 육상선수들이 운동하는 현장에 가보고 결정하는 것으로 이야기를 나누었다.

며칠이 지난 뒤에 운동하는 현장을 다녀온 막내아들은 자기랑은 별로 맞지 않는 것 같다는 자신의 생각을 이야기하였다. 학창시절에 운

내 인생의 친구 공황장애

동들을 좋아했던 나는 부모님의 반대에 부딪쳐 운동보다는 공부하는 아들로 살아야 했었기에 막내아들만큼은 '본인이 좋다고 한다면 시켜볼까?' 라고 생각을 하고 있었는데, 결국은 막내아들이 싫다고 하는 바람에 육상과의 인연은 이루어지지 않았다.

시간이 지나서 6학년 봄에 학교에서 수업을 마치고 집으로 온 막내아들은 문뜩 '아빠 저 양궁을 배우면 안돼요?' 라고 말하는 것이었다.

막내아들이 어렸을 때 중국 소림사에 보내어 무술을 하는 사람으로 키우면 어떨까? 라는 생각으로 여러 가지 절차를 알아보다가 주변의 만류에 그만둔 적이 있었다. 이 정도로 운동에 대한 관심이 많았기 때문에 양궁을 배우고 싶다는 말을 듣는 순간 '어떻게 하면 운동을 해 볼 수 있도록 할까?' 라는 생각이 작동하기 시작하였다. 일단 양궁코치님을 만나 뵙고 신체조건으로 봤을 때 적합한지 상의를 해보자는 생각이 들어 막내아들과 함께 학교에 있는 양궁부를 찾았다. 코치님에게 사정 이야기를 드렸더니 양궁을 시작하기에는 조금 늦었지만은 운동의 적합 여부를 훈련을 하면서 판단하여 보자며 허락을 해 주셨다.

양궁코치님께서는 몇 개월의 시간이 지날 무렵에 조심스럽게 말씀하셨다. 막내아들은 집중력과 신체조건은 좋지만 다른 선수들에 비해서 팔의 길이가 한 뼘 정도가 더 길다고 하시면서, 이러한 신체조건이면 양궁보다는 오히려 수영선수로 키우는 것이 더 잘 맞을 것 같다는 말씀을 해주셨다. 코치님은 막내아들의 성격과 신체조건 등을 검토하여 가장 적합한 운동이 어떤 것일까? 라는 관점에서 추천을 해주신 것이었다. 참으로 고맙고 감사하신 선생님이었다.

코치 선생님의 상담을 계기로 새벽에는 수영장을 다녔고, 학교 수업이 끝난 이후에도 당분간은 양궁부에서 생활할 수 있도록 코치님은 배려를 해주셨다. 이렇게 새벽에 시작한 수영은 막내아들이 중학교 3학년을 졸업할 때까지 계속하였다. 이러한 시작은 나중에 축구 선수가 되는 계기가 되었다.

어느 가을밤에 중학교 2학년에 다니는 막내아들로부터 전화가 걸려 왔다. "아빠! 중학교 운동장으로 와보세요." 라는 내용의 전화였다. 혹시나 '무슨 일이 생긴 것일까?' 라는 생각에 급하게 달려갔다. 그런데 막내아들 한다는 소리가 "아빠! 제가 공을 찰 테니 핸드폰으로 그 모습을 찍어 주세요." 라는 것이었다. 일단은 부탁한 대로 해주었고, '한참의 시간이 지났을까?', "아빠! 이제 되었어요." 라는 말과 함께 동영상을 보여 주는 것이었다. 그것은 스페인 출신 축구 선수인 다비드 비야가 주로 하는 프리킥 장면이었다. 막내아들은 이러한 프리킥 동작을 한 달 동안 밤마다 연습하였고, 이날에 드디어 그 축구 선수와 똑같은 프리킥이 된 것이었다. 조금은 당황스러웠지만 열정에 감동을 받게 되었다.

이때의 가정환경은 월세집에서 이혼을 한 아빠와 세 명의 아들이 함께 살아야 했으므로 여러 가지로 부족하였고, 막내아들은 학교 수업이 끝나면 지역아동센터에서 도움을 받아야 했던 시기였기 때문에 많이 힘들었을 텐데도 오히려 이러한 열정을 가지고 생활했다는 것에 눈

내 인생의 친구 공황장애

물이 핑 돌았다. 그러면서 "아빠! 나 선택했어요. 축구 선수하려고요." 라고 말하는 것이었다. 이 일을 어떻게 해야 하는지 갑자기 머리가 멍해지는 순간이었다. 하지만 한편으로는 초등학교 시절부터 양궁, 수영, 야구, 검도 등 여러 가지 운동을 하였는데도 어떠한 운동이 정말로 하고 싶고, 잘할 수 있는지 잘 모르는 상황에서 방황만 하였는데 결정하였다니 기쁘기도 하였다. 일단은 시간을 가지고 막내아들의 열정을 더 지켜보기로 하였다.

중학교 3학년 초까지 지켜보았는데도 축구에 대한 열정은 식지 않는 것 같다는 생각이 들었고, 이때부터 진로를 어떻게 할 것인지를 주변 지인들과 상의를 하게 되었다. 초등학교 때부터 아들을 축구 선수로 키우고 있는 친구에게 물었고, 그 친구는 프로팀에서 축구 선수 생활을 했던 경력이 있으면서 초등학교 코치를 하고 계시던 인품도 탁월한 코치님을 소개해 주었다. 코치님과 상의를 하고 일단은 일주일에 2일 정도 레슨을 받는 것으로 이야기를 나누었다. 이때부터가 본격적인 축구 선수로 발을 내딛는 출발점이 되었다.

이렇게 시간이 흐르면서 어느덧 고등학교를 선택하여야 하는 기간이 되었다. 축구를 늦게 시작한 관계로 여러 가지 생각이 많았다. 자퇴를 하고 축구연습을 더 하고 난 다음에 고등학교에 갈 것인지, 아니면 일반 학교에 가서 취미로 축구를 해야 하는지에 대한 선택의 기로에 서게 되었다. 그래서 레슨하고 계시는 코치님에게 상의를 드렸고, 만약에 축구 선수로 고등학교에 갈 수 있다면 다른 것보다도 인품이 훌륭하신 감독님을 소개해 주시면 좋겠다고 말씀을 드렸다. 그런 일이 있고 며칠이 지난 뒤에 코치님은 고등학교 감독님 한 분을 소개시켜 주셨다. 마침내 감독님과 약속한 날짜에 찾아뵙고 여러 가지 상황을 설명해 드렸다. 감독님께서는 감사하게도 운동을 할 수 있도록 허락을 해주셨다.

하지만 이제부터가 진짜 고민이었다. 일반적으로 운동선수 한 명을 키우는데 많은 돈이 든다는 것은 이미 알았지만, 나에게는 경제적으로는 꿈도 꾸지 못할 정도의 어려운 상황이었다. 특히 오래전부터 아프게 되어 쉬면서 혼자서 아들 세 명을 책임지고 챙겨야 하였기 때문에 여유가 없으니 많은 고민을 할 수밖에 없었다. 이때까지도 가끔씩 찾아오는 심한 공황발작으로 직업을 찾아서 고정적으로 일을 한다는 것은 생각만큼 쉬운 일이 아니었기 때문에 더욱 괴로웠다.

이런 순간에 갑자기 어릴 적 정말로 하고 싶은 것이 있어도 하지 못하고 평생을 후회하면서 원망만을 해야 했던 나의 모습이 떠올랐다. 갑자기 정신이 차려졌다. 막내아들만큼은 어떻게든 하고 싶은 것을 하도록 해줘야겠다는 강력한 힘이 생기게 되었고, 고민을 하다가 막내아들 고등학교 1학년을 입학하기도 전에 후원회를 결성하게 되었다. 그분들은 평소에 나와 친밀하게 관계를 맺었던 분들로 내가 어떻게 살아왔는지를 말하지 않아도 아시는 분들이었고, 주로 사업하시는 사장님들, 병원 원장님들, 공무원들로 구성하였다. 감사하게도 월별로 후원해 주신 분들도 계셨고, 한 번씩 큰 금액으로 후원을 해주신 분들도 계셨으며, 봉사단체에서도 후원을 받을 수 있게 연결시켜 주신 분도 계셨다. 후원금액을 한 푼도 헛되게 쓰지 않으려는 생각으로 월별로 소식지를 만들어 결산서와 평상시 썼던 일기들 중에서 하나씩 선택해서 함께 우편으로 보내드렸다. 특히 고등학교를 졸업할 때는 이런 일기들을 모아서 제본을 하였고, 그 책자를 고등학교 선생님들과 감독님 그리고 후원해 주신 분들에게 감사의 마음을 담아 전달하기도 하였다.

이렇게 용기와 힘을 주신 분들이 내가 '공황장애'라는 커다란 절벽에 부딪쳐서 꿈과 희망도 사라졌고, 많은 것을 잃어버렸던 절망적 순간에도 내가 살아가야 하는 이유와 살아야만 되는 의미를 깨닫게 해 주셨다.

(막내아들이 고등학교 졸업할 무렵에 일기들을 모아서 제본하고, 그 책자로 고마우신 분들에게 마음을 전달했을 때의 인사말 내용을 다시 적어 본다.)

인사말

철부지 아이가 어리광을 부리듯
투정부리고 넋두리 하던 저의 손을
따뜻하게 잡아 주신 분들 덕분에
한여름 밤 소나기를
힘들지만 행복한 마음으로 피할 수 있었고,
그 시간이 벌써 3년이나 지났습니다.

여러분들께서 가르쳐주신

살아가야 하는 이유를

살아야만 되는 의미를

생각하며

하루하루 더욱 정진하겠습니다.

고맙습니다.

사랑합니다.

그동안 매월 보냈던 소식지를

부족하지만 여러분들의

사랑을

고마움을

마음에 새긴다는 생각으로

엮어 보았습니다.

너그러운 마음으로 간직해 주세요.

지그 지글러의 『시도하지 않으면 아무것도 할 수 없다.』 중에 "수많은 '보이지 않는 도움의 손길'이 오늘의 당신을 만들었다." 라는 말이 있다. 삶의 무게에 지치고 힘들어 방황을 할 때 많은 분들이 격려와 사랑으로 살아가야 하는 이유를, 살아야만 되는 의미를 깨닫게 해주셨다. 덤으로 사는 나머지 삶을 조금이나마 아파하는 사람들에게 희망을 전하는 드라마 주인공처럼 살아가고 싶다는 바람을 가져본다.

일기장에 숨겨 놓은 이야기 중에서...

내 인생의 친구 공황장애

초판 1쇄 인쇄 2022년 10월 20일
초판 1쇄 발행 2022년 10월 25일
초판 3쇄 발행 2023년 5월   1일

지은이 | 최구원
발행인 | 전익균, 전형주

이 사 | 정정오, 김영진, 김기충
기 획 | 권태형, 백현서, 조양제
편 집 | 김 정
디자인 | 얼앤똘비악 earl_tolbiac@naver.com
관 리 | 김희선, 유민정
언론홍보 | (주)새빛컴즈
마케팅 | 팀메이츠

펴낸곳 | 에이원북스, (주)아미푸드앤미디어
전 화 | 02)2203-1996, 031)427-4399   팩스 050)4328-4393
출판문의 및 원고투고 이메일 | svedu@daum.net
등록번호 | 제215-92-61832호   **등록일자** | 2010. 7. 12

가격 16,000원

ISBN 979-11-91517-28-6 (03180)